明永樂内府本四書集注大全

第二册

明 胡廣等撰

中國國家圖書館藏明永樂十三年内府刻本

山東人民出版社·濟南

中庸章句大全

中者不偏不倚無過不及之名。朱子曰。名篇本是[illegible]中之中。然所以能時中者。蓋有那未發之中在。所以先說未發之中。然後說君子之時中。○北溪陳氏曰。中和之中是專主未發而言。中庸之中。却是含二義。有在心之中。有在事物之中。所以文公必合內外而言。謂不偏不倚無過不及。可謂確而盡矣。○雲峯胡氏曰。朱子於語孟釋中字。但曰無過不及。蓋以用言。中庸有所謂未發之中與時中。故添不偏不倚四字。兼體用言。以釋名篇之義。○新安陳氏曰。不偏不倚。未發之中。以心論者也。中之體也。無過不及。時中之中。以事論者也。中之用也。

庸平常也。朱子曰。庸是依本分不爲怪異之事。堯舜孔子只是庸。夷齊所爲都不是庸了。○北溪陳氏曰。文公解庸爲平常。非於中之外復有所謂庸。只是這中底便是日用平常道理。平常與怪異字相對。平常是人所常用底。怪異是人所不曾見。忽然見之便怪異。如父子之親。君臣之義。夫婦之別。長幼之序。朋友之信。皆日用事。便是平常底道理。都無奇特底事。如五穀之食。布帛之衣。可食

可服而不可厭者。無他只是平常耳

子程子曰。不偏之謂中。不易之謂庸。中者天下之正道。庸者天下之定理。問正道定理。恐道是總括之名。理是道裏面有許多條目。朱子曰。緊要在正字定字上。中只是箇恰好道理。爲不見得是亘古今不可變易底。故更著箇庸字。○東陽許氏曰。程子謂不偏之謂中。固兼舉動靜。朱子不偏不倚。則專指未發者 此篇乃孔門傳授心法。北溪陳氏曰。卑不失之汚賤。高不溺於空虛。眞孔門傳授心法也 子思恐其久而差也。故筆之於書。以授孟子。新安陳氏曰。於七篇中觀其議論淵源所自。則可知其以此授孟子矣 其書始言一理。中散爲萬事。末復合爲一理。放之則彌六合。卷上聲之則退藏於密。其味無窮。皆實學也。善讀者玩索色窄反而有得焉。則終身用之。有不能盡者矣。朱子曰。始言一理。指天命謂性。末復合爲一理。指上天之載。始合而開。其開也有漸。末開而合。其合也亦有漸。○中散爲萬事。便是中庸所說許多事。如知仁勇許多爲學底道理。與爲天下國家有九經。及祭祀鬼神許多事。中間無些子罅隙。句句是實。○雲峯胡氏曰。中庸全體大用之書。首言一理。中散爲萬事。是由體之一而達於用之殊。末復合爲一理。是由用之殊而歸於體之一。放之則彌六合。感而遂通天下之故。心之用也。卷之則退藏於密。寂然不動。心之體也。此乃孔門傳授心法。故於心之體用備焉

天命之謂性。率性之謂道。修道之謂教

命猶令也。朱子曰。命如朝廷差除。又曰。命猶誥勑。○北溪陳氏曰。命如分付命令他一般。**性即理也。**朱子曰。有是性。便有許多道理總在裏許。在心喚做性。在事喚做理。○北溪陳氏曰。性即理也。何以不謂之理而謂之性。蓋理是泛言天地間人物公共之理。性是在我之理。只這道理受於天而爲我所有。故謂之性。**天以陰陽五行化生萬物。氣以成形。而理亦賦焉。猶**

命令也於是人物之生因各得其所賦之理以爲健順五常之德所謂性也朱子曰伊川云天所賦爲命物所受爲性理一也自天所賦予萬物言之謂之命以人物所稟受於天言之謂之性○天命與氣質亦相袞同纔有天命便有氣質不能相離若闕一便生物不得既有天命須是有此氣方能承當得此理若無此氣則此理如何頓放天命之性本未嘗偏但氣質所稟却有偏處○天命謂性是就人身中指出這箇是天命之性不雜氣稟而言是專言理若云兼言氣便說率性之道不去如太極不離乎陰陽而亦不雜乎陰陽也○天命之謂性此只是從原頭說萬物皆只同這一箇原頭聖人所以盡己之性則能盡人之性由其同一原故也○若論本原即有理然後有氣若論稟賦則有是氣而後理隨以具故有是氣則有是理無是氣則無是理○問五常之德何故添却健順二字曰五行乃五常也健順乃陰陽二字既有陰陽須添此二字始得○健順之體即性也合而言之則曰健順分而言之則曰仁義禮智仁禮健而義智順也○北溪陳氏曰天固是上天之天要之即理是也然天如何而命於人蓋

藉陰陽五行之氣。流行變化以生萬物。理不外乎氣。氣以成形。理亦賦焉。便是上天命令之也。○西山眞氏曰。自昔言性者曰五常而已。朱子乃益之以健順。蓋陽之性健。木火屬焉。在人爲仁禮。陰之性順。金水屬焉。在人爲義智。土則二氣之冲和。信亦兼乎健順。陰陽不在五行外。健順豈在五常外乎。○東窗李氏曰。仁之油然生意不可遏。禮之粲然明盛不可亂。健之爲也。義不拂乎可否之宜。知不外乎是非之別。順之爲也。若夫信則體是理而不易者健也。循是理而無違者順也。○雲峯胡氏曰。孟子性善之論。自子思此首一句來。然須看開端一天字。程子曰。中庸始言一理。末復合爲一理。所謂一理者。卽此一天字。又曰。萬物各具一理。萬理同出一原。所謂一原者。卽此一天字。按朱子曰。穀梁言天不以地對。所謂天者理而已。成湯所謂上帝降衷。子思所謂天命之性是也。是爲陰陽之本。而其兩端循環不已者爲之化焉。○東陽許氏曰。人物之生雖皆出於天理。而氣有通塞之不同。則有人物之異。氣通者爲人而得人之理。氣塞若爲物亦得物之理。雖曰有理然後有氣。然生物之時。其氣至而後理有所寓。氣是載理之具也。故章句先言氣以成形。後言理亦賦焉。○健順本上文陰陽而言也。五常固已具健順之理。分而言之。仁禮爲陽爲健。義智爲陰爲順。信則冲和而兼健順也。錯而言之。則五常各有健順。義斷智明。非健乎。仁不忍而用主於愛。禮分定而節不可踰。非順乎。**率，循也。**北溪陳氏曰。循。循隨也。**道，猶路也。**孟子曰。夫道若大路然。本此以釋道字。**人物各循其性之自然，則其日用事物之間，莫不各有當行之路，是則所謂道也。**朱子曰。率性。非人率之也。率只訓循。循萬物自然之性之謂道。此率字不是用力字。伊川謂便是仁者人也。合而言之道也。循字非就行道人說。只是循吾本然之性。便自有許多道理。或以率性爲順性命之理則爲道。如此却是道因人方有也。○道之得名。正以人生日用當然之理。猶四海九州百千萬人當行之路爾。○道即理也。以人所共由而言則謂之道。以其各有條理而言則謂之理。其目則不出乎君臣父子兄弟夫婦朋友之間。而其實無二物也。○性是箇渾淪底物。循性之所有。其許多分派條理。即道也。性字通人物而言。但人物氣禀有異。不可道物無此理。只爲氣禀遮蔽。故所通有偏正不同。然隨他性之所通。道亦無所不在。

也○人與物之性皆同。循人之性則為人之道。循牛馬之性則為牛馬之道。若不循其性。使馬耕牛馳。則失其性。非牛馬之道矣○陳氏曰。天命謂性。是說渾淪一大本底。率性謂道。是就渾淪大本裏分別箇條貫脉絡處。隨人物所得之性。皆從大本中流出。如天油然作雲。沛然下雨。此皆大化流行處。隨他溪澗科坎。小大淺深。所得之雨。便有許多脉絡之不齊。皆是此雨水也○如隨物之性。則牛可耕。馬可乘。雞可司晨。犬可司夜。其所發皆有自然之理。如隨草木之性。則桑麻可衣。穀粟可食。春宜耕。夏宜耘。秋宜穫。凡物皆有自然之理○潛室陳氏曰。率性不要作工夫看。人率循其人之性。物率循其物之性。此即人物各各當行道理。故謂之道○西山真氏曰。朱子於告子生之謂性章。深言人物之異。而於此章乃兼人物而言。生之謂性。以氣言者也。天命之謂性。以理言者也。以氣言之。則人物所稟之不同。以理言之。則天之所命一而已矣。然則虎狼之搏噬。馬牛之踶齧。非道耶。曰。子思之所謂率性云者。循其天命之性也。若有搏噬踶齧。則氣稟之所為。而非天命之本然矣。豈獨物為然。凡人之為善者。皆循天命之性也。其為不善。則發乎氣稟之性矣。以是而觀。則此章兼人物而言。尚何疑哉○雙峯饒氏曰子思率性之謂道一語專爲訓道名義蓋世之言道者高則入於荒唐卑則滯於形氣入於荒唐則以爲無端倪之可測識老莊之論是也滯於形氣則以爲是人力之所安排告荀之見是也是以子思於此首指其名義以示人言道者非他乃循性之謂也○雲峯胡氏曰易曰一陰一陽之謂道繼之者善也成之者性也子思之論蓋本於此但易先言道而後言性此道字是統體一太極子思先言性而後言道此道字是各具一太極也

脩品節之也

三山潘氏曰品節之者如親親之殺尊賢之等隨其厚薄輕重而爲之制以矯其過不及之偏者也雖若出於人爲而實原於命性道之自然本有者○雙峯饒氏曰脩裁制之也聖人因人所當行者而裁制之以爲品節也

性道雖同而氣稟或異故不能無過不及之差聖人因人物之所當行者而品節之以爲法於天下則謂之教若禮樂刑政之屬是也

問明道云道卽性也若道外尋性性外尋道便不是如此卽性是自然之理不容加工揚雄言學者所以脩性故伊川謂

揚雄爲不識性。中庸却言脩道之謂教，如何。朱子曰，性不容脩。脩是揠苗。道亦是自然之理。聖人於中爲之品節以教人耳。○脩道謂教，專就人事上言。就物上亦有品節。先王所以使鳥獸魚鱉咸若。周禮掌獸掌山澤各有官。周公驅虎豹犀象。草木零落然後入山林。昆蟲未蟄不以火田之類。各有箇品節，使萬物各得其所。亦所謂教也。所以謂之盡物之性。但於人較詳，於物較畧。於人較多，於物較少。○黄氏曰，脩道二字須就道上及人氣禀上兼看。道是大綱之名。如孝是事父之道。然孝中有多少曲折。人氣禀不同。柔者過於和，剛者過於嚴，則於孝道之曲折必有不中節者。此所以著爲品節使之盡其道也。○新安陳氏曰，禮樂正是中和之教。刑所以弼教。政亦教之寓。○此章命性道教皆當兼人物而言。而必以人爲主。然苟不兼及於物，則道理便該不盡。只以此篇後章證之。盡己之性，盡人之性，必說到盡物之性，則可見矣。

蓋人知己之有性，而不知其出於天。就性上移上一級說。己性原於天命。知事之有道，而不知其由於性。又就道上移上一級說。道由於己之性。知聖人之有教，而不知

其因吾之所固有者裁之也。又就教上移歸一步說因吾之所固有之道而裁之

故子思於此首發明之。而董子所謂道之大原出於天。

亦此意也。漢董仲舒策中此語。大意亦可謂知道之原者。故引以爲證。○朱子曰。子思此三句。乃天地萬物之大本大根。萬化皆從此出。人若能體察。方見聖賢所說道理皆從自己胷中流出。不假他求。○三山陳氏曰。此章乃中庸之綱領。此三句又一章之綱領也。聖賢教人。必先使之知道所自來。而後有用力之地。此三句。蓋與孟子道性善同意。○王氏曰。此書皆言道之體用。第一句天是體。性是用。第二句性是體。道是用。第三句道是體。教是用。○雙峯饒氏曰。性道教。道字重。中庸一書。大抵說道。性原於天。而流行於事物。則謂之道。脩此道以教人。則謂之教。所以下文便說道也者。如君子之道費而隱。大哉聖人之道。皆提起道字說。以此見重在道字。○雲峯胡氏曰。開端雖不露出中字。天命謂性。即未發之中。因率性之道而品節之。即時中之中也。○番昜李氏曰。大學入德之書。學者事也。故首曰大學之道。而教在其中。中庸明道之書。教者事也。故首曰脩

道之謂教。而學在其中。中庸一書。性道教三言爲一篇之綱領。而道之一字爲三言之綱領。道由性而出。言道而不言性。則人不知道之本原。而或索之於淺近。道由教而明。言道而不言教。則人不知道之功用。而或索之於高虛。言性於道之先。言教於道之後。而下即繼之曰道也者不可須臾離也。子思子立言之旨可得而識矣

○新安陳氏曰。道字上包性字。下包教字。推其本原必歸之天命。○朱子此總斷之語。元本云。蓋人之所以爲人。道之所以爲道。聖人之所以爲教。原其所自。無一不本於天而備於我。學者知之。則其於學知所用力而自不能已矣。故子思於此首發明之。讀者所宜深體而默識也。今以後來本校之。疏密淺深大有間矣。然無一而不本於天而備於我。此語亦包括要切。或問所謂其本皆出乎天而實不外乎我。與此語無異。是仍存之於或問中矣。他本多依元本。惟祝氏附録從定本耳。蓋嘗論之前聖如舜首言道。言教而未言命性。至商湯君臣始言天之明命。又曰上帝降衷于民。若有恒性。克綏厥猷。雖包涵命性道教之意。未始別白融貫言之。至孔子傳易曰各正性命。一陰一陽之謂道。繼善成性。習教事。教思無窮。然言命自命。性自性。道教亦然。至子思子始言性

本於命。道率乎性。教脩乎道。發前聖未發之蘊。以開示後世學者於無窮。朱子於此三言。旣逐字逐句剖析於先。復融貫會通於後。元本含蓄未盡。至定本則盡發子思之意。無復餘蘊。故今一遵定本云

道也者。不可須臾離也。可離非道也。是故君子戒愼乎其所不睹。恐懼乎其所不聞。離去聲

道者。日用事物當行之理。皆性之德而具於心。上句言道之用。下句言道之體。無物不有。言道之大。橫說無時不然。言道之久。直說所以不可須臾離也。若其可離。則豈率性之謂哉。新安陳氏曰。元本作則爲外物而非道矣。兩句宜兼存之。云若其可離則爲外物而非道矣。豈率性之謂哉。如此尤爲明備是以君子之心常存敬畏。敬謂戒愼。畏謂恐懼雖不見聞。亦不敢忽。所以存天理之本然。北溪陳氏曰。未感物時。渾是天理而不使離於須臾之

頃也朱子曰此道無時無之然體之則合背之則離也一有離之則當此之時失此之道矣故曰不可須臾離君子所以戒慎不睹恐懼不聞則不敢以須臾離也○可離與不可離道與非道各相對待而言離了仁便不仁離了義便不義公私善利皆然○戒慎恐懼不須說得太重此只是畧畧收拾來便在這裏伊川所謂道箇敬字也不大段用得力孟子曰操則存操字亦不是著力把持所不睹不聞不是閉耳合眼時只是萬事皆未萌芽自家便先恁地戒慎恐懼不睹不聞之時便是喜怒哀樂未發處常要提起此心在這裏防於未然所謂不見是圖也○戒慎恐懼是未發然只做未發也不得便是所以養其未發只是聳然提起在這裏這箇未發底便常在向曾發或問恐懼是已思否曰思又別思是思索了戒慎恐懼正是防閑其未發曰卽是持敬否曰亦是○北溪陳氏曰道是日用事物所當行之路卽率性之謂而得於天之所命者而其總會於吾心大而父子君臣夫婦長幼朋友微而起居飲食蓋無物不有自古及今流行天地之間蓋無時不然戒謹恐懼只是主敬是提撕警覺使常惺惺則天命之本體常存在此若不戒懼則易至於離道遠也○潛室陳氏曰道只

是當行底理。天下事事物物。與自家一身凡日用常行。那件不各有當行底道理。那曾一歇走離得。纔離得便物非物。事非事。吾身日用常行者皆非是矣。故道即路之謂也。之燕之越。無非是路。纔無路。便是荊棘草莽。聖人之道。只是眼前當然底。一時走離不得。○問當不睹不聞而戒懼。愚謂如鑑之照物。當不照時光自常存。不可欺以姸醜。上蔡惺惺法者豈謂此乎。曰。若如此說。則是他自常存了。何用戒慎恐懼。道理固自常在。但人須用提撕照管。不可謂目無睹耳無聞。一齊都放下。須當此時常自惺惺地也。○問大學不要先有恐懼。中庸却要恐懼何也。西山眞氏曰。大學之恐懼與中庸之恐懼不同。中庸戒慎乎其所不睹。恐懼乎其所不聞。只是事物未形之時。常常持敬。令人不昏昧而已。大學之恐懼只是俗語所謂怖畏之意。自與中庸有異。○雙峯饒氏曰。君子常存敬畏。雖當事物既往。思慮未萌。目無所睹。耳無所聞。暫焉之頃。亦不敢忽。事物既往是指前面底說。思慮未萌是指後面底說。不睹不聞正在此二者之間。看上文道不可須臾離。則是自所睹所聞以至於所不睹不聞。皆當戒懼。而此不睹不聞在事物既往之後。看下文喜怒哀樂未發。則此不睹不聞又在思慮未萌

之前。故須看此二句。方說得上下文意貫串。緊要在須臾之須四字。於此見得子思所以發須臾兩字之意

莫見乎隱。莫顯乎微。故君子愼其獨也。見音現

隱。暗處也。微。細事也。獨者。人所不知而己所獨知之地也。問謹獨。莫只是十目所視。十手所指處也。與那暗室不欺時一般否。朱子曰。這獨也不只是獨自時。如與衆人對坐。自心中發念。或正或不正。此亦是獨處。如一片止水。中間有一點動處。此最緊要着工夫處言幽暗之中。細微之事。跡雖未形。而幾平聲則已動。人雖不知而己獨知之。則是天下之事。無有著見明顯。而過於此者。朱子曰。事之是與非。衆人皆未見得。自家自是先見得分明。○三山陳氏曰。曰隱曰微。則此念已萌矣。特人所未知。隱而未見。微而未顯耳。然人雖未知。而我已知之。則固已甚見而甚顯矣。此正善惡之幾也。○三山潘氏曰。幽暗之中。細微之事。其是非善惡。皆不能逃乎此心之靈。所以當此之時。尤爲昭灼顯著也。若其發之

既遠。為之既力。則在他人十目所視。十手所指。雖甚昭灼。而在我者心意方法於事為精神方運於酬酢。其是非得失反有不自覺者矣○雙峯饒氏曰。此又對上文而言隱暗之地。雖人之所不睹。微密之事。雖人之所不聞。然其幾既動。則必將呈露於外而不可掩。昭晰於中而不可欺。是道固不可須臾離。而其形見明顯尤莫有甚於此者○子思云道也者。提起道字見得下面莫見乎隱莫顯乎微。見與顯皆是此道。是以君子既常戒懼。指上文一節而於此尤加謹焉。指此一節所以遏人欲於將萌。新安陳氏曰。未發之前。私欲不萌。只是存天理而已。幾動之初。天理人欲由此而分。此處加謹。則人欲將萌動便從而遏絕之矣而不使其潛滋暗長上聲於隱微之中。元本只云滋長。定本加潛暗二字以至離道之遠也。朱子曰。道不可須臾離。是言道之至廣至大者。莫見乎隱。莫顯乎微。是言道之至精至密者。道不可離。是說不可不存養。是故以下。是教人戒懼做存養工夫。莫見莫顯。是說不可不省察。故君子以下。是教人謹獨察私意起處防之。只看兩故字可見○既言道不可離只是精粗隱微之間皆不可離故言戒懼不睹不聞以該之若曰自其思慮未起之時早已戒懼非謂不戒懼乎所睹所聞而只戒懼乎不睹不聞也此兩句是結上文不可須臾離也之意下文又提起說無不戒懼之中隱微之間念慮之萌尤不可忽故又欲於其獨而謹之又結上文隱微意此分明是兩節事前段有是故字後段有故字且兩提起君子字若作一段說亦成是何文字問如此分兩節工夫則致中致和工夫方各有着落而天地位萬物育亦各有歸着曰是○問戒懼是體統做工夫謹獨是又於其中緊切處加工夫曰然○戒懼是防之於未然以全其體謹獨是察之於將然以審其幾○問戒懼者所以涵養於喜怒哀樂未發之前當此之時寂然不動只下得涵養工夫謹獨者所以省察於喜怒哀樂已發之時當此之時一毫放過則流於欲矣判別義利全在此時不知是如此否曰此說甚善○問涵養工夫實貫初終而未發之前只須涵養纔發處便須用省察工夫至於涵養愈熟則省察愈精矣曰是又問未發時當以義理涵養曰未發時着義理不得纔知有義理便是已發當此時有義理之源未有義理條件只一箇主宰嚴肅便有涵養工夫○存養是

靜工夫。省察是動工夫。○陳氏曰。雖是平時已常戒懼。至此又當十分加謹。則所發便都是善。不加謹。則所發便流於惡。○潛室陳氏曰。戒慎恐懼與謹獨。是兩項地頭。戒慎恐懼是自家不覩不聞之時。謹獨是衆人不覩不聞之際。○蛟峯方氏曰。戒懼是保守天理。慎獨是檢防人欲。○雙峯饒氏曰。戒慎恐懼便是慎獨之慎。詳言之則曰戒慎恐懼。約言之只是慎之一字。道者率性之謂。其體用具在吾身。敬者所以存養其體。省察其用。乃體道之要也。戒懼存養之事。慎獨省察之事。中庸始言戒懼慎獨。而終之以篤恭。皆敬也。中庸以誠爲一篇之體要。惟其敬。故能誠。○大學只言慎獨不言戒懼。初學之士且令於動處做工夫。○勿軒熊氏曰。按大學誠意章言慎獨。子思傳授蓋本於此。○雲峯胡氏曰。首三句重在一道字。天命謂性是道之體。脩道謂敎是道之用。所以於此獨提起道也者三字。下文却分爲兩節言之。道也者不可須臾離。所以君子必戒慎所不睹恐懼所不聞。不睹不聞四字。正是釋須臾二字。人有目豈不睹。有耳豈不聞。不睹不聞。特須臾之頃爾。道也者莫見乎隱。莫顯乎微。所以君子必慎其獨。此一獨字。正是說隱微二字。隱微却是人之所不睹不聞。而我所獨睹獨聞之時之處也。章句於大學曰審其幾。此曰幾則已動。一幾字是喫緊爲人處。上文曰君子之心常存敬畏。一敬字是教人用工夫處。戒懼不睹不聞是幾未動而敬。愼獨則幾已動而敬也。曰常存敬畏。雖不見聞亦不敢忽。當看常字與亦字。曰君子既常戒懼而於此尤加謹焉。當看常字與尤字。曰存天理之本然遏人欲於將萌。當看存字與遏字。然皆不離乎敬而已。大抵君子之心常存此敬。不睹不聞時亦敬。獨時尤敬。所以未發時渾是本然之天理。此敬足以存之。纔發時便有將然之人欲。此敬足以遏之也。朱子敬齋箴與此無不合。戒懼是靜而敬。愼獨是動而敬。戒懼是惟恐須臾之有間。愼獨是惟恐毫釐之有差

喜怒哀樂之未發謂之中。發而皆中節謂之和。中也者天下之大本也。和也者天下之達道也。樂音洛。中節之中去聲

喜怒哀樂情也。其未發則性也。無所偏倚。故謂之中。發皆中節。情之正也。無所乖戾。故謂之和。大本者天命之

性。推本於天命之謂性一句天下之理皆由此出。道之體也。達道者循性之謂。推本於率性之謂道一句天下古今之所共由。道之用也。此言性情之德。中爲性之德。和爲情之德。以明道不可離之意。延平李氏曰。方其未發。是所謂中也。性也。及其發而中節也。則謂之和。其不中節也。則有不和矣。和不和之異。皆既發焉而後見之。是情也。非性也。孟子故曰性善。又曰情可以爲善。其說蓋出於子思。○朱子曰。喜怒哀樂渾然在中。未感於物。未有倚着一偏之患。亦未有過與不及之差。故特以中名之。而又以爲天下之大本。程子所謂中者在中之義。所謂只喜怒哀樂未發便是中。皆謂此也。林擇之謂在中之義。是裏面底道理。看得極子細。○喜怒哀樂未發。如處室中。東西南北未有定向。不偏於一方。只在中間。所謂中也。及其既發。如已出門。東者不復西。南者不復北。然各行所當然。無所乖逆。所謂和也。○中和是承上兩節說。中所以狀性之德。而形道之體。和所以語情之正。而顯道之用。子思欲學者於此識得心也。心也者。妙性情之德也。所以致中和。立大本。而行達道也。

者也。夫理之主宰也。○心字包性情。性是體。情是用。心字是一箇字母。故性情皆從心。○問中和者。性情之德也。寂感者。此心之體用也。此心存。則寂然時皆未發之中。感通時皆中節之和。心有不存。則寂然木石而已。大本有所不立也。感通馳騖而已。達道有所不行也。故動靜一主於敬。戒謹恐懼而謹之於獨。則此心存而寂感無非性情之德也。曰。是。○問惻隱羞惡喜怒哀樂。固是心之發。曉然易見處。如未惻隱羞惡喜怒哀樂之前。便是寂然而靜時。然豈得皆塊然如槁木。其耳目亦必有自然之聞見。其手足亦必有自然之舉動。不審此時喚作如何。曰。喜怒哀樂未發。只是這心未發耳。其手足運動自是形體如此。○靜而無不該者。性之所以為中也。寂然不動者也。動而無不中者。情之發而得其正也。感而遂通者也。靜而常覺。動而常止者。心之妙也。寂而感。感而寂者也。○北溪陳氏曰。節者。限制也。其人情之準的乎。只是得其當然之理。無些過不及。與是理不相咈戾。故曰和。○情之中節。是從本性發來。其不中節。是感物欲而動。須有戒懼工夫。方存得未發之中。須有謹獨工夫。方有已發之和。○問發時有中節不中節之分。未發時還有分否。潛室陳氏曰。既是未發。更有何物可分。但有渾然之理在中不曾倚着耳○蒙齋袁氏曰喜怒哀樂未發則渾然在中又發則有中節不中節而惟中節者爲和○雙峯饒氏曰四者皆中節方謂之和譬之四時三時得宜一時失宜亦不得謂之和矣○雲峯胡氏曰上文說君子主敬之功見人心之於道不可離此說在人性情之德又見道之在人心本不可離也發而中節之和即是無過不及之中故周子曰中也者和也中節也天下之達道也達道即率性之道前言率性之道必自天命上說來此言達道必自大本說來體用一源非知道者孰能識之

致中和天地位焉萬物育焉

致推而極之也位者安其所也育者遂其生也自戒懼而約之以至於至靜之中無所偏倚而其守不失則極其中而天地位矣自謹獨而精之以至於應物之處無少差謬（靡幼反）而無適不然則極其和而萬物育矣（黃氏曰章

句無少偏倚無少差謬是橫致其守不失無適不然是直致橫致如一箇物打迸了四圍恁地潔淨相似直致則是今日如此潔淨後日亦如此以至無頃刻不如此○雲峯胡氏曰章句精之約之只是釋一致字約之則存養之功益密精之則省察之功益嚴至靜之中無少偏倚已是約之之至而其守不失所以約之者愈至應物之處無少差謬已是精之之至而無適不然所以精之者愈至此之謂中和之致也○新安陳氏曰收斂近裏貴乎約審察幾微貴乎精二字下得尤不苟○東陽許氏曰致中和是戒懼慎獨推行積累至乎極處則有天地位萬物育之效驗

蓋天地萬物本吾一體吾之心正致中則天地之心亦正矣天地位吾之氣順致和則天地之氣亦順矣天地氣順則萬物育故其效驗至於如此此學問之極功聖人之能事初非有待於外不出吾性之外而脩道之教亦在其中矣陳氏曰致中即天命之性致和即率性之道及天地位萬物育則脩道之教亦在其中矣○雲峯胡氏曰致吾

之中。如何天地便位。致吾之和。如何萬物便育。蓋以天地萬物本吾一體故也。朱子此八字是從天命之性說來。性一而已。天地萬物與吾有二乎哉

是其一體一用雖有動靜之殊然必其體立而後用有以行則其實亦非有兩事也。三山陳氏曰。體之立。所以爲用之行之地。用之行。所以爲體之立之驗。○新安陳氏曰。體靜用動。分言也。體立而後用行。合言也。致中則必能致和。中和一理。天地位則必萬物育。位育一機。非兩事也

故於此合而言之以結上文之意問致中和天地位萬物育與喜怒哀樂不相干。朱子曰。世間何事不係在喜怒哀樂上。且如人君喜一人而賞之。則千萬人勸。怒一人而罰之。則千萬人懼。以至哀矜鰥寡樂育人材。這便是萬物育。以至君臣父子夫婦長幼。相處相接。無不是這箇。即這喜怒中節處。便是實理流行。○問致中和天地位萬物育。此以有位者言。如一介之士。如何得如此。曰。若致得一身中和。便充塞一身。致得一家中和。便充塞一家。若致得天下中和。便充塞天下。有此理便有此事。有此事便有此理。如一日克復。如何便得天下歸

仁爲有此理故也○問堯湯不可謂不能致中和而亦有水旱之災曰經言其常堯湯遇非常之變也大抵致
中和自吾一念之間培植推廣以至裁成輔相匡直輔翼無一事之不盡方是至處○致中和天地位焉萬物
育焉便是形和氣和則天地之和應○天地位萬物育便是裁成輔相以左右民底工夫若不能致中和則山
崩川竭者有矣天地安得而位胎夭失所者有矣萬物安得而育問如此則須專就人主身上說方有此功夫
曰規模自是如此然人各隨一箇地位去做不道人主致中和士大夫便不致中和○西山眞氏曰致中和之
所以用功不過曰敬而已不睹不聞而戒懼靜時敬也謹獨動時敬也靜無不敬所以致中動無不敬所以致
和自然天地位萬物育如洪範所謂肅乂哲謀聖而雨暘燠寒風之時若應之董仲舒所謂人君正心以正朝
廷正百官正萬民而陰陽和風雨時諸福之物畢至皆是此理○雙峯饒氏曰致中和而能使天地位萬物育
是有此理但所居一位有高下則力之所至有廣狹如爲一家之主則能使一家之天地位萬物育爲一國之主
則能使一國之天地位萬物育爲天下主則能使天地位萬物育父父子子夫夫婦婦此一家之天地位也妻

子臣妾人人各得其所。此一家之萬物育也。一國亦然。極而至於天下。然後天地位萬物育。始克其量。如孔子在當時雖不見位育功。然道明於萬世。能使三綱五常終古不墜。是即位育之極功也。○雲峯胡氏曰。中和雖有體用動靜之殊。然深觀其所從來。則天地萬物之所以位育。有不得而析者。故曰必其體立而後用有以行。亦非有兩事也。中庸一書。本只言率性之道。而必推原天命之性。本只言時中之中。而必推原未發之中。皆謂體立而後用有以行也。○新安陳氏曰。由教而入之學者。其於致中和位育之事業。雖未敢遽望及此。然問志向之初。亦所當考而以之爲標的也。○東陽許氏曰。位育以有位者言之。固易曉。若以無位者言之。則一身一家。皆各有天地萬物。以一身言。若心正氣順。則自然睟面盎背。動容周旋中禮。是位育也。以一家言。以孝感而父母安。以慈化而子孫順。以弟友接而兄弟和。以敬處而夫婦正。以寬御而奴僕盡其職。及一家之事莫不當理。皆位育也。但不如有位者所感大而全爾

右第一章。子思述所傳之意以立言。首明道之本原

出於天而不可易。首三句其實體備於己而不可離。道不可離，可離非道二句次言存養省悉井反察之要。戒懼慎獨二節終言聖神功化之極。中和位育三句。○黃氏曰：此章字數不多，而義理本原、功夫次第與夫效驗之大，無不該備。蓋欲學者於此反求諸身而自得之，以去上聲夫扶音外誘之私，而充其本然之善。新安陳氏曰：中之大本原於天命之性，和之達道即率性之道也。反求諸身，身本有之；自得之者，即自得乎此也。去外誘之私，慎獨以遏人欲而已。充本然之善，致大本之中、達道之和也。楊氏時所謂一篇之體要是也。陳氏曰：此章乃子思總括一篇之義。○新安陳氏曰：中庸一書，造聖道之閫奧，其首章子思子自著之格言也。首三句祖述湯誥「惟皇上帝降衷于下民，若有恒性，克綏厥猷惟后」之言，而推明性、道、教三字。血脉貫通，名義精當，則實過之，眞是發從古聖賢之所未發。慎獨，曾子雖嘗言之，然只就意念之動處言之耳前一截靜時工夫未之言也子思先就戒懼處言靜時之涵養方就慎獨處言動時之省察動靜相涵交致其力視曾子之言益加密焉亦本其所已發而盡發其所未發也自古書中多言無過不及之中中之用耳子思則先言未發之中以見中之體後言時中之中以見中之用言未發之中本體淵深除中庸外他固罕見豈非亦發前古聖賢之所未發乎靜致其中動致其和極其功至於位天地育萬物參贊化育之大功其本原實自存養天理遏絕人欲者基之精乎大哉一章大指有本原有工夫有功用歷選聖賢之書無能肩之者聖師有此賢孫其有功於道統之傳萬世實不可磨云

其下十章蓋子思引夫子之言以終此章之義

雙峯饒氏曰首章論聖人傳道立教之原君子涵養性情之要以為一篇之綱領當為第一大節

仲尼曰君子中庸小人反中庸

中庸者不偏不倚無過不及而平常之理陳氏曰中庸只是一箇道

理。所以不析開說乃天命所當然精微之極致也。新安陳氏曰。提掇篇首一句以爲綱領。乃天命所賦當然之理。所謂極至之德也唯與惟通君子爲能體之。新安陳氏曰。體之。謂以身當而力行之。如仁以爲己任之意小人反是雲峯胡氏曰。第二章以下十章。皆述夫子之說。獨此章與第三十章。揭仲尼二字。仲尼曰。仲尼之言也。所言者中庸也。仲尼祖述堯舜以下。仲尼之行也。所行者皆中庸也。中和之論發於子思。中庸之論本於仲尼。然發而中節之和。即是時中之中。子思中和二字。亦只是說仲尼一中字。故曰中庸之中兼中和之義。而章句必先曰不偏不倚。而後曰無過不及。可謂精矣

君子之中庸也。君子而時中。小人之中庸也。小人而無忌憚也。

王肅本作小人之反中庸也。程子亦以爲然。今從之。此是

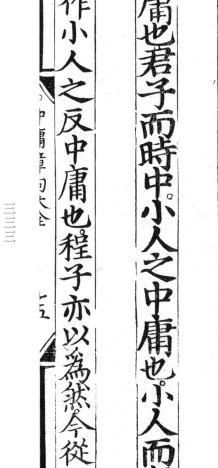

正解說上兩句〇君子之所以爲中庸者以其有君子之德而又能隨時以處上聲中也小人之所以反中庸者以其有小人之心而又無所忌憚徒案反也程子曰可以仕則仕可以止則止可以久則久可以速則速此皆時也未嘗不合中故曰君子而時中君子之於中庸也無適而不中則其心與中庸無異體矣小人之於中庸無所忌憚則與戒愼恐懼者異矣是其所以反中庸也〇朱子曰君子只是說箇好人時中只是說箇做得恰好底事〇爲善者君子之德爲惡者小人之心君子而處不得中者有之小人而不至於無忌憚者亦有之〇當看而字旣是君子又要時中旣是小人又無忌憚二又字不用亦可但恐讀者不覺故特下此字要得分明〇新安陳氏曰朱子蓋就兩箇而字上咀嚼出意味來蓋中無定體隨時而在是乃平常之理也問何謂時中程子曰猶之過門不入在禹之世爲中也時而居陋巷則過門不入非中矣居於陋巷在顏子之時爲中也時而當過門不入則居於陋巷非中矣〇朱子

曰。堯授舜。舜授禹。都是當其時合當如此做。做得來恰好。所謂中也。中卽平常也。湯武亦然。如當盛夏時須要飲冷。衣葛。隆冬時須要飲湯。重裘。不如此便失其中。便是乖異矣。○中庸之中。本是無過不及之中。大旨在時中上。若推其本。則自喜怒哀樂未發之中。而爲時中之中。未發之中是體。時中之中是用。中字兼中和言之。○南軒張氏曰。中字若統體看。是渾然一理也。若散在事物上看。事事物物各有正理存焉。君子處之。權其所宜。悉得其理。乃隨時以處中也。○雙峯饒氏曰。中庸之理。卽率性之謂。而天下之達道也。惟君子爲能體之。中庸之中。只是時中。如舜用中于民。亦只是中之用。問言中而不及庸。何也。曰。庸不在中之外。惟其隨時處中。所以可常行而不可易也。○東陽許氏曰。旣曰隨時以處中。又曰中隨時而在。此隨時字含兩意。謂君子每應事之時。各隨其事以處乎中。是一日之間事事皆處乎中也。又同此一事。今日應之如此爲中。它日應之乃如彼爲中。凡一事各於時宜不同者。處乎中也

君子知其在我。故能戒謹不覩。恐懼不聞。而無時不中。小人不知有此。則肆欲妄行。而無

所忌憚矣蔡氏曰。此章上二句孔子之言。下四句乃子思釋孔子之言。○三山潘氏曰。君子致存養省察之功。是以無時而不中。小人放肆而無忌憚。是以與中庸相反。○新安陳氏曰。前六句已正解此節文義明白。此又推其本而以知此理爲重。如論語三畏章。君子惟知天命。故畏天命。小人惟不知天命。所以不畏也。君子惟知此理在我。故能戒懼以存養此中之體。而隨時以裁處此中之用。戒懼即畏天命也。小人惟不知有此理。所以縱肆人欲而無忌憚。無忌憚與戒愼反。無憚與恐懼反。是即不知天命而不畏者也。○魯齋許氏曰。時有萬變。事有萬殊。而中無定體。當此時則此爲中。於彼時則非中矣。當此事則此爲中。於他事則非中矣。是以君子戒愼恐懼。存於未發之前。察於既發之際。大本立而達道行。故堯舜湯武之征讓不同。而同於中。三仁之生死不同。顏孟之語默不同。其同於中則一也。明乎此。則可論聖賢之時矣。

右第二章此下十章皆論中庸以釋首章之義。文雖不屬音燭而意實相承也。變和言庸者游氏曰。

以性情言之則曰中和以德行去聲言之則曰中庸是也然中庸之中實兼中和之義中庸之中兼已發未發二義○陳氏曰中和是分體用動靜相對說中庸是兼德性行事相合說○黄氏曰性情天生底德行人做底性情人人一般德行人人不同○雙峯饒氏曰中庸者道之準的古今聖賢所傳只是此理子思所作中庸亦只爲發明此二字首章中和是性情之德而中庸之根本蓋特推其所自來耳游氏所謂德即性情之德中和是也行即見諸行事者時中是也以中庸兼此二者而得名故曰中庸之中實兼中和之義然中和以性情言人心本然純粹之德也中庸以事理言天下當然之則不可過亦不可不及者也二者雖同此中理而所指各異故致中和者則欲其戒懼慎獨以涵養乎性情踐中庸者則欲其擇善固執以求合乎事理二者内外交相養之道也此下十章是聖人立中庸使過者俯而就不肖者企而及乃變化氣質之方也○新安倪氏曰惟君子能因性情之自然而致中和是

以能全德行之當然而踐中庸。究其用功。惟在主乎敬而已。戒謹恐懼。敬也。擇善固執。非主敬者能之乎。若小人則全無主敬之功。宜其無忌憚而反中庸也。饒氏以中和中庸二者分析而論。故今又以二者融貫而論之云

子曰。中庸其至矣乎。民鮮能久矣。鮮上聲下同

過則失中。不及則未至。故惟中庸之德爲至。然亦人所同得。初無難事。但世教衰。民不興行。去聲故鮮能之。今已久矣。論語無能字。北溪陳氏曰。至者。天下之理無以加之之謂。○仁壽李氏曰。自物則言之。則過與不及皆不可以言至。自末世言之。則過乎則者少。不及乎則者多。學者試以事君之敬。事父之孝。與人交之信。反己而自省焉。則其至與否可見矣。○雙峯饒氏曰。此章言中庸之道。非特小人反之。而衆人亦鮮能之。以起下章之意。○格庵趙氏曰。此章無之爲德也四字。故下句有能字。意論語是夫子本文。此是子思檃括。○

雲峯胡氏曰。此比論語添一能字。惟民氣質偏。故鮮能知能行。仍須看下章許多能字。方見子思之意。鮮能知味。是不能知者。不能期月守。是不能行者。中庸不可能。非義精仁熟者不能知不能行。惟聖者能之。是專言聖人知之盡。仁之至。故獨能知能行。至於人一能之。己百之。人十能之。己千之。果能此道矣。雖愚必明。雖柔必強。是愚者本不能知。能百倍其功。則能知。柔者本不能行。能百倍其功。則能行。後面至誠能盡其性。是能知之盡。能行之至。唯至聖為能聰明睿知。是能知。能寬裕溫柔以下。是能行。惟至誠為能經綸天下之大經。是能行。非聰明聖知達天德者。孰能知之。又說能知。看許多能字。則子思此章添一能字。固有旨哉

右第三章

子曰。道之不行也。我知之矣。知者過之。愚者不及也。道之不明也。我知之矣。賢者過之。不肖者不及也。知者之知去聲

道者。天理之當然。中而已矣。雲峯胡氏曰。只是一道字。首章釋道也者。曰道者事

物當然之理，皆性之德而具於心，爲下文不可須臾離而言也。此章釋道字，曰道者天理之當然，中而已矣，爲下文過不及而言也。然事物當然之理，即是天理之當然，性之德而具於心，亦中而已矣。特具於心者，是不偏不倚之中。此是無過不及之中。章句錙銖不差也。

知愚賢不肖之過不及，則生稟之異而失其中也。知者知之過，既以道爲不足行；愚者不及知，又不知所以行，此道之所以常不行也。賢者行之過，既以道爲不足知；不肖者不及行，又不求所以知，此道之所以常不明也。

三山陳氏曰：世之高明洞達、識見絕人者，其持論常高，其視薄物細故若浼焉，則必不屑爲中庸之行，如老佛之徒，本知者也，求以達理而反滅人類，非過乎？至於昏迷淺陋之人，則又蔽於一曲而暗於大理，是又不及矣。二者皆不能行道。世之刻意厲行、勇於有爲者，其操行常高，其視流俗汚世若將浼焉，則必不復求於中庸之理，如晨門荷蓧之徒，本賢者也，果於潔身而反亂大倫，非過乎。至於闒茸卑巧之人。則又安於故常。而溺於物欲。是又不及矣。二者皆不能明道。○雙峯饒氏曰。此章承上二章明小人所以反中庸與衆人所以鮮能中庸者。皆以氣質之有偏。以起下六章之意。然專以過不及爲言。似言中而不及庸。蓋中即所以爲庸。非有二也。或問愚者不及知此中。不肖者不及行此中。費隱章又云夫婦之愚不肖可以與知能行。何也。曰。彼以夫婦之事言。此以道之全體言。問賢合屬行。知合屬明。夫子卻交互說者何故。曰。知此則人皆曉得。夫子何以曰我知之矣。緣天下人皆不知此。夫子所以有此嘆。行不是說人去行道。是說道自流行於天下。明不是說人自知此道。是說道自著明於天下。人多差看了。須要見得知行相因。○新安王氏曰。自世俗觀之。過疑勝於不及。自道言之。其不合於中庸則一也。○雲峯胡氏曰。此章分道之不行不明。而下章即舜之知。言道之所以行。即回之賢言道之所以明。兼後面欲說知仁勇。此章爲此三者發端而言。知者知之過。以道爲不足行。不仁也。賢者行之過。以道爲不足知。不智也。愚不肖者安於不及。不能勉而進。不勇也。○東陽許氏曰。道不行者。知之過與不及。道不明者。行之過與不及。是固然矣。然下乃結之曰。人莫

不飲食也。鮮能知味也。是又總於知。蓋二者皆欠眞知爾。若眞知理義之極至。則賢者固無過。知者亦必篤於行。不徒知之而已矣

人莫不飲食也鮮能知味也

道不可離。人自不察。朱子曰。以飲食譬日用。味譬理。是以有過不及之弊。○三山陳氏曰。道曷嘗離人哉。特百姓日用而不知耳○晏氏曰。知者專於明道。或怠於行道。賢者專於行道。或忽於明道。鮮能知味。以喻不能知道。道既不能明。安能行乎。未專言知味。以見明道爲先。惟不明故不行也。○新安陳氏曰。道不可離。又提此句以爲頭腦。人自不察。如飲食而不知味。是以有過不及之弊。又繳上前一節。去知者氣清而質欠粹。故知之過而行不及。賢者質粹而氣欠清。故行之過而知不及也

右第四章

子曰道其不行矣夫 夫音扶

由不明故不行雙峯饒氏曰此章承上章鮮能知味之知而言道由不明所以不行

右第五章　此章承上章而舉其不行之端以起下章之意三山陳氏曰此一句自爲一章子思取夫子之言比而從之蓋承上章以起下章之義若曰道不遠人猶日用飲食也由而不知故鮮能知味耳惟其不知是以不行故以道其不行之言繼之蓋所以承上章之義也必如下章舜之事則知而行矣蓋又所以起下章之義○雲峯胡氏曰前章民鮮能是兼知行言鮮能知味是指知而言此章道其不行又指行而言

子曰舜其大知也與舜好問而好察邇言隱惡而揚善執其兩端用其中於民其斯以爲舜乎知去聲與平聲好去聲

舜之所以爲大知者以其不自用而取諸人也朱子曰舜本自知又能合天下之知爲一人之知而不自用其知此其知之所以愈大也若只據一己所有便有窮盡邇

言者淺近之言猶必察焉其無遺善可知。朱子曰雖淺近言語莫不有至理寓焉人之所忽而舜好察之非洞見道體無精粗差別不能然也孟子曰自耕稼陶漁以至爲帝無非取諸人者又曰聞一善言見一善行若決江河沛然莫之能禦此皆好察邇言之實也伊川先生曰造道深後雖聞常人言語莫非至理然於其言之未善者則隱而不宣其善者則播而不匿其廣大光明又如此則人孰不樂音洛告以善哉朱子曰言之善者播揚之不善者隱匿之則善者愈樂告以善而不善者亦無所愧而不惜言也求善之心廣大光明如此人安得不盡言來告而吾亦安得不盡聞人之言乎○新安陳氏曰隱惡見其廣大能容揚善見其光明不蔽兩端謂衆論不同之極致蓋凡物皆有兩端如小大厚薄之類於善之中又執其兩端而量度徒洛反以取中然後用之則其擇之審而行之至矣然非在我之權度精切不差何以與音預此此知字如字之所以無過不及而道之所以行也朱子曰執其兩端而用其中如天下事一箇人說東一箇說西自家便把東西來斟酌看中在那裏○兩端只是箇起止二字猶云起這頭至那頭也自極厚以至極薄極大以至極小極重以至極輕於此厚薄大小輕重之中擇其說之是者而用之乃所謂中若但以極厚極薄爲兩端而中摺其中間以爲中則是子莫執中矣中間如何見得便是中蓋極厚者說是則用極厚之說極薄者說是則用極薄之說厚薄之中說是則用厚薄之中之說輕重大小莫不皆然蓋惟其說之是者用之不是察其兩端不用而但取兩頭之中者用之也且如有功當賞或說合賞萬金或說合賞千金或說百金或說十金萬金至厚十金至薄也則執其兩端自至厚至至薄而精權其厚薄之中合賞萬金便賞萬金合賞十金也只得賞十金合賞千金百金皆然若但去兩頭只取中間則這頭重那頭輕這頭偏多那頭偏少是乃所謂不中矣或曰孔子所謂兩端與此同否曰竭其兩端是自精至粗自大至小自上至下都與他說無一毫之不盡執兩端是

取之於人者。自精至粗。自大至小。總括以盡無一善之或遺。又問所謂衆論不同。都是善一邊底。曰。惡底已自隱而不宣了。○葉氏曰。兩端非如世俗說是非善惡之兩端。乃是事已是而不非。已善而非惡。已皆當爲之事。自斯道之不明。往往以是非善惡爲兩端而執其中。則半是半非。半善半惡之論。與君子不必爲十分君子。小人不必爲十分小人。乃鄉原賊德之尤者也。可不辨哉○雙峯饒氏曰。中無定體。隨時而在。如萃之時。用大牲吉。則中在那極厚處。如損之時。二簋可用亨。則中在那極薄處。他可類推。執是執其言。用亦是用其言。執其兩端。則有以見其寬弘博大。兼總衆善而無遺。用其中。則有以見其精密詳審。極於至當而無偏。○黃氏曰。因道之不行。起於知者之過。愚者之不及。故必知如大舜。而後可以望斯道之行。○雲峯胡氏曰。知仁勇。學者入德之事。下章回之仁。子路之勇。皆學者事。大舜之知。自是聖人事。姑借以爲言耳。故章句於回與由。則曰擇曰守。於舜則曰擇之審而行之至。不以守言也。然此章正是學者用力之始。正當以聖人自期。擇之審。舜之精也。行之至。舜之一也。此所以爲舜之中也。顏淵曰。舜何人也。予何人也。有爲者亦若是。此章言舜。而下章言回。學者

正好將顏淵之語以通看二章云

右第六章此章言知之事

子曰：人皆曰予知，驅而納諸罟擭陷阱之中，而莫之知辟也。人皆曰予知，擇乎中庸，而不能期月守也。予知之知去聲。罟音古。擭胡化反。阱才性反。辟避同。期居之反。

罟，網也。擭，機檻也。陷阱，坑坎也。皆所以揜取禽獸者也。格菴趙氏曰：此譬禍機所伏。擇乎中庸，辨別彼列反衆理，以求所謂中庸，即上章好去聲問用中之事也。期月，匝作荅反一月也。新安陳氏曰：匝，周也。期年是周一年，期月是周一月。言知禍而不知辟，以況能擇而不能守，皆不得為知也。仁壽李氏曰：中不可不擇，又不可不守。擇而不守，終非己物。能擇能守然後可以言知夫子嘗因仁以言知矣曰擇不處仁焉得知擇而不處謂之知不可也孟子嘗因仁義以言知矣曰知之實知斯二者弗去是也知而去之謂之知不可也夫子之所謂處孟子之所謂弗去中庸之所謂守其義一也○雙峯饒氏曰知屬貞貞者正而固正固二字方訓得貞字知得雖是正了仍舊要固守所以說貞者事之幹又曰分而言之則擇固謂之知然能擇而不能守亦不得謂之知此章雖引起下章仁能守之說然仍舊重在知字○新安陳氏曰此章如詩之有興借上一事譬喻以引起下一事也

右第七章　承上章大知而言又舉不明之端以起下章也　雲峯胡氏曰此章兩人字蓋借知禍而不知辟之人以況能擇而不能守之人也上章言舜聖人下章言回賢人此章兩人字衆人也上章舜能擇爲知起下章回能守爲仁此章結上章之所謂知起下章之所謂仁

子曰回之爲人也擇乎中庸得一善則拳拳服膺而弗失之矣

回孔子弟子顏淵名。拳拳，持之貌。服，猶著也陟略切。膺，胸也。奉持而著之心胸之間，言能守也。顏子蓋眞知之，故能擇能守如此。此行之所以無過不及，而道之所以明也。程子曰：大凡於道，擇之則在乎知，守之則在乎仁，斷之則在乎勇。○朱子曰：舜大知章是行底意多，回擇中章是知底意多。用其中者，舜也。擇乎中庸，得一善拳拳服膺而不失者，顏子也。夫顏子之學，所以求爲舜者，亦在乎精擇而敬守之耳。蓋擇之不精，則中不可得；守不以敬，則雖欲其一日而有諸己，將不能，尚何用之可致哉？○雙峯饒氏曰：每得一善，則著之心胸之間而不失，不是只守一善，亦不是著意去守這一善。○黃氏曰：道之不明，起於賢者之過、不肖者之不及，故必賢如顏子，而後可以望斯道之明。○雲峯胡氏曰：舜達而在上，擇乎中庸而用之民，聖人之道所以行也；顏淵窮而在下，擇乎中庸而不失於己，聖人之學所以傳也。子思以回繼舜之後，其意深矣。

右第八章新安陳氏曰：此章言仁之事。擇中庸，知之意；弗失，勇之意也。

子曰天下國家可均也爵祿可辭也白刃可蹈也中庸不可能也

均平治也。三者亦知仁勇之事天下之至難也。陳氏曰。可均似知。可辭似仁。可蹈似勇。然皆倚於一偏故資之近而力能勉者皆足以能之至於中庸雖若易去聲下同能。天下之至難也以下元本云然不必其合於中庸則資之近似者皆能以力為之。若中庸則雖不必皆如三者之難然非義精仁熟而無一毫人欲之私者不能及也。三者難而易。中庸易而難此民之所以鮮上聲能也閩。朱子曰中庸便是三者之閒非是別有一箇道理。只於三者做得恰好處。便是中庸○三者亦就知仁勇上說來蓋賢者過之之事只是就其所長處著力做去。而不擇乎中庸耳○三者也是知仁勇之事。只是不合中庸若合中庸。便盡得知仁勇○問中庸如何不可能。曰。

只是說中庸之難行。急些子便過，慢些子便不及，所以難也。○北溪陳氏曰：三者似知仁勇，然亦不必泥說知仁勇。大意只謂國家至大，難治也，而資禀明敏者能均之。爵禄人所好，難却也，而資禀廉潔者能辭之。白刃人所畏，難犯也，而資禀勇敢者能蹈之。是三者雖難，而皆可以力爲。至於中庸，乃天命人心之當然，不可以資禀勉强力爲之，須是學問篤至，到那義精仁熟，真有以自勝其人欲之私，方能盡得。此所以若易而實難也。○雲峯胡氏曰：即論語中如管仲一匡天下，是天下國家可均也；如晨門荷蓧之徒，是爵禄可辭也；如召忽死子糾之難，是白刃可蹈也。然夫子則以爲民鮮能於中庸久矣，蓋深嘆夫中庸之不可能也。饒氏謂章句言義精仁熟，似欠勇字意。竊謂擇之審者，義精也；行之至者，仁熟也。不賴勇而裕如者也。學者於義必精之，於仁必熟之，便是知仁中之勇，故章句於此釋中庸之不可能，曰非義精仁熟，無一毫人欲之私者，不能及。於下章言勇處，則曰此則所謂中庸之不可能者，非有以自勝其人欲之私者不能擇而守之。反復細玩，朱子之意可見矣。

右第九章　亦承上章以起下章

子路問強

子路孔子弟子仲由也。子路好去聲勇，故問強

子曰。南方之強與。北方之強與。抑而強與。與平聲

抑。語辭。而。汝也。新安王氏曰。夫子嘗患不得中行而與之。師堂堂。曾皙嘐嘐。子路行行。皆不合乎中庸。夫子於門人一言一藥。如子路者。嘗以好勇過我。儆之以兼人。抑之以不得其死。戒之以死而無悔。責之。然其習氣融釋不盡。以強爲問。則行行之勇猶在也。夫子是以設三端問之。○新安陳氏曰。汝之強。謂學者之強也。下文四強哉矯。照應結束此句

寬柔以教。不報無道。南方之強也。君子居之

寬柔以教。謂含容巽順以誨人之不及也。不報無道。謂橫去聲逆之來直受之而不報也。南方風氣柔弱。故以含

忍之力勝人爲強。君子之道也朱子曰此雖未是理義之強。然近理也。人能寬柔以教不報無道亦是箇好人故爲君子之事○三山陳氏曰既曰寬柔何強之云。蓋守其氣質而不變是亦強也○雲峯胡氏曰此君子是泛說。下文君子和而不流是說成德之君子。如論語首章不亦君子乎是說成德後章君子不重則不威是泛說也

衽金革死而不厭北方之強也。而強者居之

衽而審反席也。金戈兵之屬革甲冑直又反之屬。衽金革如云枕戈○三山陳氏曰臥席曰衽○倪氏曰衽衣衽也。金鐵也。革皮也。聯鐵爲鎧甲被之於身如衣衽然故曰衽北方風氣剛勁故以果敢之力勝人爲強。強者之事也雙峯饒氏曰陽剛陰柔理之常也。而南方風氣反柔弱北方風氣反剛勁何也。蓋陽體剛而用柔陰體柔而用剛如坤至柔而動也剛便見得陰體柔而用剛矣才說風便是用了。陽主發生故其用柔。陰主肅殺故其用剛也。問

一味含忍何以爲強曰固是含忍然却以此勝人所謂柔能勝剛也此亦未是中道若是中道則無道當報亦兵著報所謂以直報怨是也○雲峯胡氏曰南北之強固皆非中然以含忍勝人猶不失爲君子之道以果敢勝人不過爲強者之事道與事二字下得有輕重然南方豈無果敢者北方豈無含忍者亦不過舉其風氣之大槩而言耳要之氣質之用小學問之功大南北之強氣質之偏也下文四者之強學問之正所以變化其氣質者也

故君子和而不流強哉矯中立而不倚強哉矯國有道不變塞焉強哉矯國無道至死不變強哉矯

此四者汝之所當強也新安陳氏曰此乃君子之事中庸之道是汝之所當強應抑而強與矯舉一句矯反

小強貌詩曰矯矯虎臣是也詩泮水篇云明明魯侯克明其德既作泮宮淮夷攸服矯矯虎臣在泮獻馘直傳云矯矯武貌○朱子曰強哉矯贊歎之辭倚偏著略

反。也。塞。悉則反。未達也。國有道不變未達之所守。國無道不變平生之所守也。此則所謂中庸之不可能者。非有以自勝其人欲之私。不能擇而守也。君子之強。孰大於是。陳氏曰。此君子指成德之君子。與前泛言君子居之者不同。夫子以是告子路者所以抑其氣血之剛。而進之以德義之勇也。朱子曰。和便易流。若是中便自不倚。何必又說不倚。蓋柔弱底中立。則必欹倒。若能中立而不倚。方見硬健。問和而不流。中立而不倚。夷惠正是如此。曰。是。問惠和而不流。甚分明。夷如何是中立不倚處。曰。如文王善養老。他便來歸。及武王伐紂。他又自不從而去。只此便是他中立不倚處。○人多有所倚靠。如倚於勇。倚於智。皆是中道而立。初縱無倚把捉不住。久處畢竟又靠取一偏。此所以要硬在中立而無所倚也。○問此四者勇之事。必如此乃能擇中庸而守之乎。曰。此乃能擇後工夫。大智之人無俟乎守。只是安行。賢者能擇能守。無俟乎強勇。至此樣資質人。則能擇能守。後須用如此自勝。方能徹頭徹尾不失。○陳氏曰。和則易至於流。和光同塵。易太軟而流蕩。和而不流。方謂之強。中立在無所依倚。弱則易至倒東墜西。惟剛勁底人。則能獨立於中而無所倚也。國有道達而在上。則不變未達時所守。是富貴不能淫。國無道窮而在下。守死而不變平生所守。是貧賤不能移。威武不能屈。○雙峯饒氏曰。四者亦有次第。一件難似一件。中立不倚。難於和而不流。國有道不變塞。又難於上二者。國無道至死不變。即所謂遯世不見知而不悔。唯聖者能之。此是最難處。南北方之強。皆是氣之偏處。是要勝人。下面君子之強。是能自勝其氣質之偏。○雲峯胡氏曰。流字倚字變字。皆與強字相反。不流不倚不變。三不字有骨力。是之謂自強。南北以勝人爲強。其強也囿於風氣之中。君子以自勝爲強。其強也純乎義理。而出乎風氣之外。此變化氣質之功所以爲大也

右第十章 此章言勇之事

子曰。素隱行怪。後世有述焉。吾弗爲之矣

素。按漢書當作索。山客反蓋字之誤也。前漢藝文志孔子索隱行怪後世有述焉吾不爲之矣顔師古曰索隱求索隱暗之事索隱行怪言深求隱僻之理而過爲詭古委切異之行去聲也。朱子曰深求隱僻如戰國鄒衍推五德之事後漢讖緯之書便是○三山陳氏曰詭異之行如荀子所謂苟難者於陵仲子申屠狄尾生之徒是也○格庵趙氏曰深求隱僻之理是求知乎人之所不能知過爲詭異之行是求行乎人之所不能行然以其足以欺世而盗名故後世或有稱述之者此知之過而不擇乎善行之過而不用其中不當強而強者也聖人豈爲之哉朱子曰索隱是知者過之行怪是賢者過之

君子遵道而行半塗而廢吾弗能已矣

遵道而行則能擇乎善矣半塗而廢則力之不足也此

其知雖足以及之而行有不逮當強而不強者也雙峯饒氏曰此智足以擇乎中庸而仁不足以守之蓋君子而未仁者也冉求自謂說夫子之道而力有不足正夫子之所謂畫者○雲峯胡氏曰此君子亦是泛說下文君子依乎中庸方是說成德已止也聖人於此非勉焉而不敢廢蓋至誠無息自有所不能止也問半塗而廢可謂知及之而仁不能守朱子曰只爲他知處不親切故守得不曾安穩所以半塗而廢若大智之人一下知了千了萬當所謂吾弗能已者只是見到了自住不得耳

君子依乎中庸遯世不見知而不悔唯聖者能之

不爲索隱行怪則依乎中庸而已不能半塗而廢是以遯世不見知而不悔也程子曰素隱行怪是過者也半塗而廢是不及者也不見知不悔是中者也○朱子曰此兩句結上文意依乎中庸便是吾弗爲之意遯世不見知而不悔便是吾弗能已之意○陳氏曰不

見知而或悔則將半塗而廢矣此中庸之成德知去聲之盡仁之至不賴勇而裕如者正吾夫子之事而猶不自居也故曰唯與惟通後倣此聖者能之而已雙峯饒氏曰既曰君子依乎中庸又曰唯聖者能之何也蓋言君子之依乎中庸未見其爲難遯世不見知而不悔方是難處故曰唯聖者能之聖人德盛禮恭雖處既聖之地未嘗有自聖之心也○蔡氏曰此再辨知仁勇而總結之索隱之知非君子之知行怪之行非君子之仁半塗而廢非君子之勇君子之知仁勇則依乎中庸遯世不見知而不悔者是也○雲峯胡氏曰第五章爲知遯仁勇開端則言知者賢者之過愚者不肖者之不及此章結之則言聖者之中庸首尾相應如此兼之前此說鮮能不能之不可能此則結之曰唯聖者能之又以見中庸非終不可能也夫子不爲於彼便自弗能已於此卽此弗能已處便見非夫子不能○新安陳氏曰依乎中庸知仁兼盡不見知而不悔不待勇而自裕如也

右第十一章　子思所引夫子之言以明首章之

義者止此。蓋此篇大旨以知去聲下同仁勇三達德爲入道之門。故於篇首即以大舜顏淵子路之事明之舜知也顏淵仁也子路勇也三者廢其一則無以造七到反道而成德矣餘見形甸反第二十章三山潘氏曰。中庸之道至精至微非知者不足以知之至公至正非仁者不足以體之其爲道也非須臾可離。非一蹴可到。故惟勇者然後有以自強而不息焉。大抵知仁勇三者皆此性之德也中庸之道即率性之謂者也非有是德則無以體是道○雲峯胡氏曰自第二章至此大要欲人由知仁勇以合乎中知則能知此中仁則能體此中勇則能勉而進於此中然夫子於舜之知讚之也於回之仁許之也於由之勇抑而進之也○雙峯饒氏曰以上十章論道以中庸爲主而氣質有過不及之偏當爲

第二大節

君子之道費而隱費符味反

費用之廣也雲峯胡氏曰費字當讀作費用之費芳味切說文散財用也隱體之微也朱子曰道者兼體用該費隱而言也費是道之用隱是道之所以然而不見處○或說形而下者為費形而上者為隱曰形而下者甚廣其形而上者實行乎其間而無物不具無處不有故曰費就其中形而上者有非視聽所及故曰隱○陳氏曰此章就費隱上說中明首章道不可離之意○雙峯饒氏曰首章由體以推用故先中而後和此章由用以推體故先費而後隱蓋中間十章極論君子中庸之事皆道之用故也○新安陳氏曰斯道廣大之用昭著於可見而其體藏於用之中者則隱微而不可見

夫婦之愚可以與知焉及其至也雖聖人亦有所不知焉夫婦之不肖可以能行焉及其至也雖聖人亦有所不能焉天地之大也人猶有所憾故君子語大天下莫能載焉

語小天下莫能破焉。與去聲

君子之道，近自夫婦居室之間，遠而至於聖人天地之所不能盡，其大無外，其小無内，可謂費矣。然其理之所以然，則隱而莫之見也。朱子曰：莫能載，是無外；莫能破，是無内。如物有至小而可破作兩者，是中着得一物在。若曰無内，則是至小更不容破了。○勿軒熊氏曰：此章有大小費隱四字。大處有費隱，小處亦有費隱。○新安陳氏曰：全段皆是說費，在不言之表而不可見者爲隱。蓋可知可能者，道中之一事，及其至而聖人不知不能，則舉全體而言，聖人固有所不能盡也。朱子曰：人多以至爲道之精妙處。若是精妙處有所不知不能，便與庸人無異，何足爲聖人？這至只是道之盡處，不知不能是沒緊要底事。他大本大根處元無欠缺，只是古今事變、禮樂制度，便也須學。○夫婦之與知能行，是萬分中有一分；聖人不知不能，是萬分中欠一分。○陳氏曰可知可能道中之一事是就日用間一事上論如事親事長之類○東陽許氏曰聖人不能知行非就一事上說是就萬事上說如孔子不如農圃及百工技藝細瑣之事聖人豈盡知盡能若君子之所當務者則聖人必知得微行得極

侯氏曰聖人所不知如孔子問禮問官之類。家語觀周篇孔子謂南宮敬叔曰吾聞老聃博古知今則吾師也今將往矣敬叔與俱至周問禮於老聃○左傳昭公十七年秋郯子來朝公與之宴昭子問焉曰少昊氏鳥名官何故也郯子曰吾祖也我知之昔者黃帝氏以雲紀故為雲師而雲名炎帝氏以火紀故為火師而火名共工氏以水紀故為水師而水名太皞氏以龍紀故為龍師而龍名我高祖少昊摯之立也鳳鳥適至故紀於鳥為鳥師而鳥名自顓頊以來不能紀遠乃紀於近為民師而命以民事則不能故也仲尼聞之見於郯子而學之既而告人曰吾聞之天子失官學在四夷尤信所不能如孔子不得位堯舜病博施去聲之類。問以孔子不得位為聖人所不能祿位壽乃在天者聖人如何能必得朱子曰中庸明說大德必得其位孔子有大德而不得其位。如何不是不能愚謂人所憾胡暗反於天地。如覆敷救反。蓋也。後凡當釋爲覆蓋之義者並同載生成之偏。及寒暑災祥之不得其正者朱子曰。道無所不在。無窮無盡。聖人亦做不盡。天地亦做不盡。此是此章緊要意思○雙峯饒氏曰。此章就夫婦所知所能而推之以至於天地之大。先語小而後語大也。大哉聖人之道章從發育萬物峻極于天而斂歸禮儀三百威儀三千。先語大而後語小也○新安陳氏曰。天覆而生物。地載而成物。以天地之無私。而生成之物或有偏而不均者。當寒而寒。當暑而暑。作善降祥。作不善降災。正也。乃有當寒而不寒。當暑而不暑。善而不祥。不善而不災者。是不得其正也。是皆人所不能無憾於天地者

詩云。鳶飛戾天。魚躍于淵。言其上下察也。鳶余專反

詩大雅旱麓音鹿之篇。鳶。鴟處脂反類。戾。至也。察。著也。雙峯饒氏曰。察是自然昭著。便是誠之不可揜子思引此詩以明化育流行。上下昭

著莫非此理之用。所謂費也。然其所以然者，則非見聞所及，所謂隱也。問：鳶飛魚躍，必氣使之然。朱子曰：所以飛所以躍者，理也。氣便載得許多理出來。若不就鳶飛魚躍上看，如何見得此理。問：程子云：若說鳶上面更有天在，說魚下面更有地在，是如何。先生默然微誦曰：天有四時，春秋冬夏，風雨霜露，無非教也。地載神氣，神氣風霆，風霆流形，庶物露生，無非教也。便覺有竦動人處。○鳶飛可見，魚躍亦可見，而所以飛所以躍，果何物也。○鳶飛魚躍，費也。必有一箇什麼物事使得它如此，此便是隱。○問：許多都說費處，却不說隱處，所謂隱者，只在費中否。曰：惟是不說，乃所以見得隱在其中。舊來多將聖人不知不能處做隱說，覺得下面都說不去。且如鳶飛天，魚躍淵，亦何嘗隱來。○鳶飛魚躍，無非道體之所在，猶言動容周旋無非至理，出入語默無非妙道。言其上下察也，此一句只是解上面察者著也，言其昭著徧滿於天地之間，非察察之察。詩中之意本不爲此，中庸借此兩句形容道體。○事地察天地明察與此上下察，察乎天地，皆明著之意。○三山陳氏曰：有一物，必有一理。有已然者，必有所以然者。鳶則天而不能淵。魚則淵而不能天。此其用也。已然者也。是必有所以然者以爲之體。然體之隱。初不離於用之顯也。○溫陵陳氏曰。中庸之道。只在日用之間。而不可他求。雖曰日用之間。而有至微至隱者存焉。亦猶鳶魚之飛躍。皆在目前。初不離性分之內。○潛室陳氏曰。凡說道之費處。其體之隱則在其中矣。故不言隱。非於費之外別有所謂隱也。使有隱可見。有隱可言。則非體用一源。顯微無間矣。○雙峯饒氏曰。此兩句引得妙。若以人來證也證不得。若引植物來證也。證不得。蓋人有知識。植物又不動。須以動物證之。且如鳶魚何嘗有知識。但飛則必戾天。躍則必于淵。自然如此。又不是人教他要必有使之然者。須於此嘿而識之。○問子思如何獨舉鳶魚而言。蛟峯方氏曰。只且提起一二以示人。天下萬物皆如此。何獨鳶魚。○雲峯胡氏曰。中庸言道字。皆自率性之道說來。費。用之廣也。是說率性之道。隱。體之微也。是說天命之性。纔說費。隱卽在其中。纔說率性之道。天命之性卽在其中。非有二也。故近自夫婦居室之間。遠而至於聖人天地之所不能盡。而道無不在。卽朱子所謂天下無性外之物。而性無不在者也。饒氏謂無性外之物。是萬物統體一太極。性無不在。是一物各具一太極是也。性無不在。費也。而性之所以爲性。則隱也。如鳶率鳶之性必飛。魚率魚之性必躍。於此見物物有自然之天。物物有天命之性。首章言天命之性。率性之道。自第二章以至第十章無非率性之道。亦無非因其天命之性也。天地間無非是此性之著見處。造端乎夫婦。則是盡性之始事。朱子曰。幽闇之中。衽席之上。或褻而慢。則天命有所不行。非知性命之理者不足與語此○新安陳氏曰。鳶飛魚躍。天機自動。鳶飛天。見此理之著於上。魚躍淵。見此理之著於下。詩人此二句興體也。本以興君子之作成人才也。子思引之。借以言此理之昭著。非興也。亦非比喻也。理無形體。於有形體之物上見得無形體之理。偶引詩以鳶魚二物指言之耳。捨鳶魚而言固不可。泥鳶魚而言亦不可。充滿天地。無一物不可見此理之昭著。如程子於子在川上章論道體言日往月來。寒往暑來。水流物生。皆道體之顯然者是也。此察字實對首句隱字。體之隱者。於此物上昭著出來。則隱而不可見者。於此著察而可見矣。然其所以然之妙。則終非見聞所及。雖察也。而實隱也。

故程子曰。此一節子思喫緊居忍反爲去聲人處。活潑潑普活反地。讀者其致思焉朱子曰。喫緊爲人處。是要人就此瞥地便見箇天理全體。活。只是不滯於一隅。○潛室陳氏曰。大要不欲人去昏默窈冥中求道理。處處平平。會得時多少分明快活。○問如何是喫緊爲人處。雙峯饒氏曰。以道體示人也。觀鳶魚而知道之費而隱。猶觀川流而知道體之不息。○雲峯胡氏曰。道體每於動處見。本自活潑潑地。聖賢教人。每欲人於動處用功。亦是活潑潑地。鳶飛魚躍。道之自然。本無一毫私意。勿忘勿助。學者體道之自然。亦着不得一毫私意。○新安陳氏曰。章句引程子說。蓋前面已說得文義分曉了。恐人只容易讀過。故引此語使讀者更加涵泳。又恐枝葉太繁。則本根漸遠。故引而不發。使學者於此致思焉

君子之道。造端乎夫婦。及其至也。察乎天地。

結上文朱子曰。君臣父子。人倫日用間無所不該。特舉夫婦而言。以見其尤切近處。○夫婦。人倫之至親至密者也。人之所爲。蓋有不可以告其父兄。而悉以告其妻者。人事之至近。而道行乎其間。非知幾謹獨之君子其孰能體之。○新安陳氏曰。總結上文。謂君子之道始乎夫婦居室之間。及其極至則昭著乎天高地下

之大。造端夫婦。結夫婦與知能行。及語小莫能破數句。
察乎天地。結聖人不能知行。及語大莫能載。包到鳶魚
上下察處。該括盡矣。人苟知道造端乎夫婦。則見
道之不可離。而男女居室之間有不敢忽者矣

右第十二章。子思之言。蓋以申明首章道不可離之意也。其下八章雜引孔子之言以明之

雙峯饒氏曰。始言中和。以見此道管攝於吾心。次言中庸。以見此道著見於事物。此言費隱。以見此道充塞乎天地。知道之管攝於吾心。則存養省察之功不可以不盡。故以戒懼謹獨言之。知道之著見於事物。則致知力行之功不可以不加。故以知仁勇言之。知道之充塞乎天地。則致知力行之功不可以不周。故自違道不遠以極於達孝

又曰。費隱是申道不可離之意。然道不可須臾離是無時不然。君子之道費而隱是無物不有。無時不然。故德欲其久。無物不有。故業欲其廣。德欲其久。故敬以直內之功。由動而靜。由靜而動。不可有須臾間斷。戒謹不睹。恐懼不聞而慎獨是也。業欲其廣。故義以方外之功。自近而遠。若小若大。不可毫髮放過。造端

夫婦至達乎諸侯大夫及士庶人是也。○此章論道之費隱小大，以爲下七章之綱領。

子曰：道不遠人。人之爲道而遠人，不可以爲道。

道者，率性而已，固衆人之所能知能行者也。故常不遠於人。若爲道者，厭其卑近以爲不足爲，而反務爲高遠難行之事，則非所以爲道矣。

朱子曰：此三句是一章之綱，下面三節只是解此三句。然緊要處又在道不遠人一句。人之爲道之爲，如爲仁由己之爲；不可以爲道，如克己復禮爲仁之爲。○黃氏曰：率性之謂道，道何嘗遠人。此人字兼人己而言，自己觀之，便具此道；自人觀之，人亦具此道也。又曰：此指以爲道之人己身而言，己之身便具此道，又豈可遠此身以爲道。○陳氏曰：此道常昭著於日用人事之間，初無高遠難行之事。若欲離人事而求之高遠，便非所以爲道，如老莊言道在太極先之類，無非高遠。此三句語脉，猶道不可離，可離非道之謂。○雙峯饒氏曰：道不遠人，以道言也；人之爲道而遠人，不可以爲道，以學道者言。

也。遠人之人。是指衆人。人之爲道之人。是指爲道之人
○雲峯胡氏曰。上章言性無不在。其廣大也如此。此章言率性只在人倫日用之間。其篤實也又如此。○東陽許氏曰。人之爲道而遠人。此爲字重。猶言行道。不可以爲道。此爲字輕。猶言謂之道

詩云。伐柯伐柯。其則不遠。執柯以伐柯。睨而視之。猶以爲遠。故君子以人治人。改而止。睨研計反

詩豳悲巾反風伐柯音哥之篇。柯。斧柄。則。法也。睨。邪視也。言人執柯伐木以爲柯者。彼柯長短之法。在此柯耳。然猶有彼此之別。彼列反下同故伐者視之猶以爲遠也。若以人治人。則所以爲人之道。各在當去聲人之身。初無彼此之別。故君子之治人也。卽以其人之道。還治其人之身。其

人能改即止不治。蓋責之以其所能知能行，非欲其遠人以爲道也。張子所謂以衆人望人則易（去聲）從是也。（程子）

曰：執柯伐柯，其則不遠。人猶以爲遠，君子之道本諸身，發諸心，豈遠乎哉？道初不遠於人之身，人之爲道而不近求之於其身，尚何所爲道？故有伐柯睨視之譬，知道之不遠人，則人與己本均有也。故以人治人。○朱子曰：緊要處全在道不遠人一句。言人人本自有許多道理，只是不曾依得這道理，却做從不是道理處去。如人之孝，他本有此孝，他却不曾行得這孝，却亂行從不孝處去。君子治之，非是別討箇孝去治他，只是與他說你這箇不是。你本有此孝，却如何錯行從不孝處去。其人能改，即是孝矣。不是將別人底道理治他，我但因其自有者還以治之而已。及我自治其身，亦不是將他人底道理來治我，亦只是將我自有底道理自治我之身而已。所以說執柯伐柯，其則不遠。執柯以伐柯，不用更別去討法則，只那手中所執者便是則。然執柯以伐柯，睨而視之，猶以爲遠。若此箇道理，人人具有，纔要做底便是，初無彼此之別。故中庸一書，初間便說天命之謂性，率

性之謂道只是説人人各具此箇道理無有不足故耳
從上頭説下來只是此意○君子以人治人改而止如
水本東流失其道而西流從西邊遮障得歸來東邊便
了○陳氏曰能改即止不以高遠難行底責他只把他
能知能行底去治他○蒙齋袁氏曰不曰我治人而曰
以人治人我亦人耳道不離吾身亦不離各人之身吾
有此則人亦有此則以則取則天則自然非彼柯假此
柯之比也人有過焉能改則止若責人已甚違天則矣
故曰忠恕違道不遠○潛室陳氏曰衆人即天生烝民
凡厥庶民之謂只將他共有底道理治他乃天理人倫
之類若以蠢蠢昏昏者爲衆人非張子意○雲峯胡氏
曰衆人同此性即同此當然之則以衆人望人不敢遽
以聖人責人也章句分三節皆提起不遠人以爲道一節
句第一節言以人治人皆欲其不遠人以爲道第二節
言己之施於人者不遠人以爲道第三節言雖聖人所
以責之己者亦不遠人以爲道也○東陽許氏曰柯有
彼此之異尚猶是遠道在人身而不可離又非柯之比
故教者只消就衆人自身所有之道而治之耳行道者
不假外求治人
者無可外加

忠恕違道不遠施諸己而不願亦勿施於人

盡己之心爲忠推己及人爲恕違去也如春秋傳去聲齊師違穀七里之違言自此至彼相去不遠非背音佩而去之之謂也左傳哀公二十七年晉荀瑤帥師伐鄭次于桐丘鄭駟弘請於齊齊乃救鄭及留舒齊地違穀七里穀人不知及濮水名智伯聞之乃還曰我卜伐鄭不卜伐齊智伯智襄子也即荀瑤道即其不遠人者是也此章以道不遠人爲綱領故章句節節提掇施諸己而不願亦勿施於人忠恕之事也朱子曰忠者盡己之心無少僞妄只是盡自家之心不要有一毫不盡須是十分盡得方始是盡若七分盡得三分未盡也是不忠恕者推己及物各得所欲知得我是要恁地想人亦要恁地而今不可不敎他恁地三反五折便是推己及物○問此只是恕如何作忠恕說曰忠恕兩箇離不得方忠時未見得恕及至恕時忠行乎其間施諸己而不願亦勿施於人非忠者不能也○北溪

陳氏曰忠是就心說是盡己之心無不眞實者恕是就待人接物處說只是推己心之眞實者以及人物而已○東陽許氏曰行道之方惟在忠恕自此行之則可至中庸之道故曰違道不遠施諸己而不願亦勿施於人推己之恕也然非忠爲本則亦無可推者矣盡忠以心之全體言恕就每事上言所接之事萬有不同皆自此心而推然纔一事時盡己之心推之則心之全體又只在此故恕非忠無以本忠非恕不能行二者相須缺一不可所以經以施諸己兩句總言忠恕而章句亦曰施諸己而不願亦勿施於人忠恕之事也以己之心度徒洛反人之心未嘗不同則道之不遠於人者可見故己之所不欲則勿以施於人亦不遠人以爲道之事。黃氏曰此即己之身而得待人之道待人之道不必遠求不過推己以及人而已張子所謂以愛己之心愛人則盡仁是也問論語中庸言忠恕不同朱子曰盡己推己此言違道不遠是也是學者事忠恕工夫到底只如此曾子取此以明聖人一貫之理耳若聖人之忠恕只說得誠字與仁字盡字推字用不得若學者則須推故程子曰以己及物仁也推己及物恕也違道不遠是也自是兩端說此只說下學而上達是子思掠下教人處論語則曰一以貫之又曰勿者禁止之辭豈非學者事論語分明言夫子之道豈非聖人事○問到得忠恕已是道如何云違道不遠曰仁是道忠恕正是學者下工夫處施諸己而不願亦勿施於人子思之說正是工夫夫子之道忠恕而已矣却不是恁地曾子只是借這箇說維天之命於穆不已乾道變化各正性命便是天之忠恕純亦不已萬物各得其所便是聖人之忠恕施諸己而不願亦勿施於人便是學者之忠恕○凡人責人處急責己處緩愛己則急愛人則緩若拽轉頭來便自道理流行○潛室陳氏曰此因恕而言仁耳恕是求仁之事推愛己之心以愛人恕者之事也以愛己之心愛人仁者之事也忠恕違道不遠轉一過即仁矣故張子以仁言○雙峯饒氏曰道是天理忠恕是人事天理不遠於人事故曰道不遠人人事盡則可以至天理故曰忠恕違道不遠其理甚明

君子之道四丘未能一焉所求乎子以事父未能也所求

乎。臣以事君未能也。所求乎弟以事兄未能也。所求乎朋友先施之未能也。庸德之行。庸言之謹。有所不足不敢不勉。有餘不敢盡。言顧行。行顧言。君子胡不慥慥爾。子臣弟友四字絶句

求。猶責也。道不遠人。凡己之所以責人者。皆道之所當然也。故反之以自責而自脩焉。黄氏曰。此即人之身而得治己之道。治己之道初不難見。觀其責人者而已庸。平常也。行者踐其實。謹者擇其可。德不足而勉。則行益力。言有餘而訒。訒。忍也。難也則謹益至。謹之至。則言顧行矣。去聲。行顧言行之行同行之力。則行顧言矣。慥慥篤實貌。言君子之言行如此。豈不慥慥乎。贊美之也。凡此皆不遠人以爲道之事。三山陳氏曰。人之言常有餘。行常不足。言顧行。則言之有

餘者將自損。行顧言。則行之不足者將自勉。此章語若雜出。而意脉貫通。反復於人己之間者詳盡明切而有序。其歸不過致謹於言行以盡其實耳

張子所謂以責人之心責己則盡道是也

朱子曰。未能一焉。固是謙辭。然亦可見聖人之心有未嘗滿處。所求乎子以事父未能也。每常人責子必欲其孝於我。然不知我之所以事父者曾孝否乎。以我責子之心而反推己之所以事父。此便是則也。所求乎臣以事君未能也。常人責臣必欲其忠於我。然不知我之所以事君者盡忠否乎。以我責臣之心而反之於我。則其則在此矣。又曰。事父未能。須要如舜之事父。方盡得子之道。事君未能。須要如周公之事君。方盡得臣之道。若有一毫不盡。便是道理有所欠缺。便非子與臣之道矣。無不是如此。只緣道理當然。自是住不得。○南軒張氏曰。此章大意謂道雖不遠人。而其至則聖人亦有所不能。而實亦不遠於人。故君子只於言行上篤實做工夫。此乃實下手處。○格庵趙氏曰。我之所望於人者。即我所當自盡之則。不是將他人道理來治我。蓋以得於天之所同然者而自治其身耳。○雙峯饒氏曰。施諸己而不願二句。是恕之事。君子道四一節是

忠之事。所以爲恕之本者也。忠爲恕之本。先論勿施於人而後反之以責其所以盡己者。語意尤有力。大學自明明德於天下而反推之至於誠意致知。中庸自獲上治民而反推之至於誠身明善。皆此意。○朱氏伸曰言未能者欲先盡己也。能盡乎己則恕可推矣。○雲峯胡氏曰。論語說忠恕是曾子借此二字形容聖人至妙處。此則是子思就此二字說歸聖道至實處。推愛己之心愛人。推己及物之恕也。而忠即行乎其間。以責人之心責己。發己自盡之忠也。而恕即不外乎此。君臣父子兄弟朋友之倫。人人性分之所固有者。而曰丘未能一焉亦曰吾之反求諸己未能如其所以責人者。爾學者之心常如聖人以爲未能則必深體而力行之。惟恐庸言之不謹而言未能顧其行。惟恐庸德之未行而行未能顧其言。此皆盡己之心而恕之本也。饒氏謂夫子責己以勉人。前四語是責己。庸德以下是勉人

右第十三章

道不遠人者夫婦所能。丘未能一者聖人所不能。皆費也。而其所以然者則至隱存

焉。下章放此。上聲，與做同。雙峯饒氏曰：此章實承上章。上章說道如此費，恐人以闊遠求道，故此章說道不遠人。上章以費隱明道之體用，而此章以忠恕違道不遠繼之，以明學者入道之方。蓋即夫子告曾子以一貫，而曾子告門人以忠恕之意也。意子思得其傳於曾子，而於此發明之歟？○新安陳氏曰：丘未能一，固聖人謙辭，然實足以見聖人愈至而愈不自至之誠。如朱子所謂必如舜之事父，周公之事君，方爲盡道，語其極，誠聖人所不敢自以爲能也。

君子素其位而行，不願乎其外。

素，猶見也。形甸反，下同。在也。如今人言素來之意。言君子但因見在所居之位而爲其所當爲，無慕乎其外之心也。此二句，一章之綱，下文分應之。

素富貴，行乎富貴；素貧賤，行乎貧賤；素夷狄，行乎夷狄；素

患難行乎患難。君子無入而不自得焉。難去聲

此言素其位而行也。北溪陳氏曰。素富貴行乎富貴。如舜之被袗衣鼓琴若固有之是也。素貧賤行乎貧賤。如舜之飯糗茹草若將終身是也。行乎夷狄。如孔子欲居九夷曰何陋之有是也。行乎患難。如孔子曰。天未喪斯文。匡人其如予何是也。蓋君子無所往而不自得。惟爲吾之所當爲而已。○雙峯饒氏曰。四者之中只有富貴是順境。三者皆逆境。問上言四事。下文在上位以下只暗說富貴貧賤如何。曰人之處世。不富貴則貧賤。如夷狄患難不常有之。素夷狄謂適然陷於夷狄。如蘇武洪忠宣事。問入字是入四者之中否。曰入字闊。上四者特舉其槩。隨其所在而樂存焉。○倪氏曰。順居一。逆居三。以見人少有不經憂患者。君子居易俟命。以能視順逆爲一也

在上位不陵下。在下位不援上。正己而不求於人則無怨。

上不怨天。下不尤人。援平聲

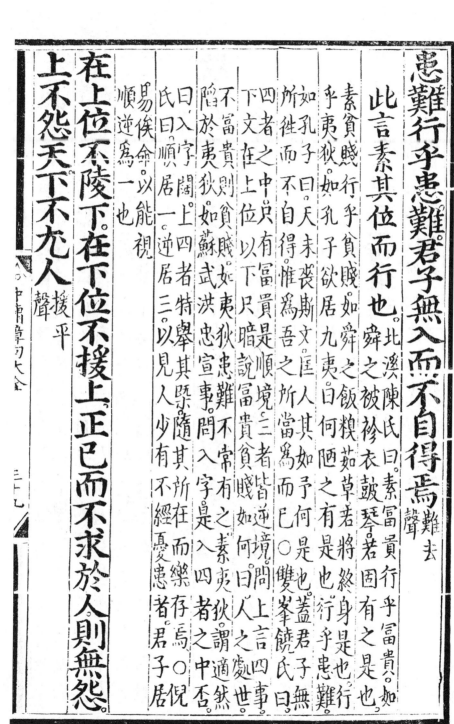

此言不願乎其外也。陳氏曰：吾居上位則不陵忽乎下，吾居下位則不攀援於上。惟反自責於己，初無求取於人之心，自然無怨。蓋有責望於天而不副所望則怨天，有求取於人而人不我應則尤人。君子無責望於天之心，無求取於人之意，又何怨尤之有？此處見君子胷中多少洒落明瑩，眞如光風霽月，無一點私累。

故君子居易以俟命，小人行險以徼幸。易，去聲。

易，平地也。易與險對。居易，素位而行也。俟命，不願乎外也。問：君子居易俟命，與大易樂天知命似否？潛室陳氏曰：居易俟命，學者事；樂天知命，聖人事。○格菴趙氏曰：君子胷中平易，所居而安，素位而行也。富貴貧賤，惟聽天之所命，不願乎外也。徼，堅堯反。求也。幸，謂所不當得而得者。朱子曰：言強生意智，取所不當得。○朱氏伸曰：易者，中庸也。俟命者，待其分之所當得，故無怨尤。險者，反中庸也。徼幸者，求其理之所不當得，故多怨尤。

子曰。射有似乎君子。失諸正鵠。反求諸其身。正音征。鵠工毒反。

畫胡卦反。布曰正。棲皮曰鵠。皆侯之中。射之的也。詩傳。侯。張布而射之者也。正。設的於侯中而射之者也。大射則張皮侯而設鵠。賓射則張布侯而設正。○雙峯饒氏曰。正乃是鳥字。小而飛最疾。最難射。所以取爲的。鵠取革置於中。正則畫於布以爲的。子思引此孔子之言。以結上文之意。陳氏曰。射有不中。只是自責。如君子行有不得。反求諸己。蓋以證上文正己而不求於人。是亦不願乎其外之意也。

右第十四章。子思之言也。凡章首無子曰字者放此。雙峯饒氏曰。上章道不遠人。是就身上說。此章素位而行。是就位上說。此身放開一步。然位是此身所居之地。猶未甚遠。下章言行遠登高。卑近可以至於高遠。迤邐放開去。

君子之道。辟如行遠必自邇。辟如登高必自卑。

辟譬同新安陳氏曰。承上章言道無不在。而進道則有序。以君子之道提起言。凡君子之道皆當如此也

詩曰。妻子好合。如鼓瑟琴。兄弟既翕。和樂且耽。宜爾室家。樂爾妻帑。好去聲。耽詩作湛。亦音耽。樂音洛

詩小雅常棣之篇。鼓瑟琴。和也。翕。亦合也。耽。亦樂也。帑與孥通。子孫也

子曰。父母其順矣乎

夫子誦此詩而贊之曰。人能和於妻子。宜於兄弟如此。則父母其安樂音洛之矣。子思引詩及此語。以明行遠自邇登高自卑之意三山陳氏曰。行遠自邇。登高自卑。凡君子之道。其推行之序皆然。引詩以明之。特舉一事而言耳。○雙峯饒氏曰。行遠自邇。登高自卑說得闊。只引詩來形容。却是切。惟妻子好合如鼓

瑟琴。故能宜爾室家。惟兄弟既翕和樂且耽。故能樂爾妻孥。室家宜。妻孥樂。皆下面事。父母順。是上面事。欲上面順須下面和始得。即行遠自邇登高自卑之意。○新安陳氏曰。兄弟妻子之間。日用常行之事。道無不在。不可忽其爲卑近。雖高遠實自於此。堯舜之道孝弟而已。正此意也。子思引詩及夫子贊詩語。蓋偶指一事而言。非以自邇自卑之義爲止於此詩所云而已也

右第十五章 雙峯饒氏曰。自道不遠人而下至此凡三章皆近裏就實。學者所當用功。○東陽許氏曰。此章專言行道必自近始。未有目前日用細微處不合道。而於遠大之事能合道者也。君子之道。其理勢必當如此。故於費隱之後十三章。先言修己治人必恕以行之。而謹其庸德庸言。次十四章則言正已不求於外。此章則言自近及遠。是言凡行道皆當如是也。引詩本是比喻說。然於道中言治家則次序又如此

子曰。鬼神之爲德。其盛矣乎

程子曰。鬼神天地之功用。而造化之迹也。朱子曰。功用只是論發見者。如寒來暑往。日往月來。春生夏長。皆是。○風雨霜露日月晝夜。此鬼神之迹也。○造化之妙不可得而見。於其氣之往來屈伸者足以見之。微鬼神則造化無迹矣。問何謂迹。曰。鬼神是天地間造化。只是二氣屈伸往來。神是陽。鬼是陰。往者屈。來者伸。便有箇迹恁地。○北溪陳氏曰。造化之迹。以陰陽流行著見於天地間者言之

張子曰。鬼神者。二氣之良能也。朱子曰。良能是說往來屈伸乃理之自然。非有安排措置。二氣則陰陽良能是其靈處。○鬼神論來只是陰陽屈伸之氣。謂之陰陽亦可也。然必謂之鬼神者。以其良能功用而言也。○屈伸往來是二氣自然能如此。一伸去便生許多物事。一屈來便無了。一物便是良能功用。便是陰陽往來。○雙峯饒氏曰。造化之迹。指其屈伸者而言。二氣良能。指其能屈能伸者而言。程子只說他屈伸之迹。不說他靈處。張子說得精。

愚謂以二氣言。則鬼者陰之靈也。神者陽之靈也。朱子曰。二氣謂陰陽對待各有所屬。如氣之呼吸者爲魂。魂即神也。而屬乎陽。

耳目口鼻之類爲魄。魄即鬼也，而屬乎陰。○北溪陳氏曰：靈只是自然屈伸往來恁地活爾。

以一氣言，則至而伸者爲神，反而歸者爲鬼，其實一物而已。

張子曰：物之初生，氣日至而滋息；物生既盈，氣日反而遊散。至之謂神，以其伸也；反之謂鬼，以其歸也。天地不窮，寒暑耳；衆動不窮，屈伸耳。鬼神之實，不越乎二端而已矣。○朱子曰：二氣之分，實一氣之運。以二氣言，陰之靈爲鬼，陽之靈爲神。以一氣言，則方伸之氣亦有伸有屈，其方伸者神之神，其既伸者神之鬼；既屈之氣亦有屈有伸，其既屈者鬼之鬼，其來格者鬼之神。○天地間如消底是鬼，息底是神；生底是神，死底是鬼；四時春夏爲神，秋冬爲鬼；人之語爲神，默爲鬼；動爲神，靜爲鬼；呼爲神，吸爲鬼。○新安陳氏曰：二氣，以陰陽之對待者言；一氣，以陰陽之流行者言。

爲德，猶言性情功效。

朱子曰：性情乃鬼神之情狀，能使天下之人齊明盛服以承祭祀，便是功效。○視不見，聽不聞，是性情；體物而不可遺，是功效。○性情便是二氣之良能，功效便是天地之功用。人須是於良能功用上認取其德。鬼神之德，言鬼神實然之理。○蛟峯方氏曰：性情言其體。

功効言其用。易曰。鬼神之情狀。情狀即功効也。
鬼神生長斂藏。是孰使之然。是他性情如此。若生而成
春。長而成夏。斂而成秋。藏
而成冬。便是鬼神之功効

視之而弗見。聽之而弗聞。體物而不可遺

鬼神無形與聲。然物之終始。莫非陰陽合散之所爲。新安
陳氏曰。陰陽之合。爲物之
始。陰陽之散。爲物之終
是其爲物之體。而物之所不
能遺也。其言體物。猶易所謂幹事。問體物而不可遺。朱
子曰。只是這一箇氣。
入毫釐絲忽裏去也是這陰陽。包羅天地也是這陰陽。
有是理便有是氣。有是氣便有是理。無非實者。○天下
豈有一物不以此爲體。天地之升降。日月之盈縮。萬物
之消息變化。無一非鬼神之所爲者。是以鬼神雖無形
聲而遍體乎萬物之中。物莫能遺也。○此三句指鬼神
之德而言。視不見聽不聞。無形聲臭味之可聞可見也。
然却體物而不遺。則甚昭然而不可揜也。所謂體物者。
固非先有是物而後體之。亦非有體之者而後有是物。

萬物之體。即鬼神之德。猶云即氣而不可離也。可離則無物矣。所謂不可遺者。猶云無闕遺。滲漏蓋常自洋洋生活。不問乎晦明代謝也。物之聚散始終。無非二氣之往來伸屈。是鬼神之德爲物之體。而無物能遺之也。○不見不聞。此正指隱處。如前後章。只舉費以明隱。○雙峯饒氏曰。前章詳於費而不及隱。引而不發之意也。此章推隱而達於費。以發前章未發之意也。然弗見弗聞。已足以形容其隱矣。而復以體物而不可遺言者。明隱非空無之謂也。故下文言微之顯。而復以誠之不可揜申之。明隱之所以不能不費者。正以其實理之不可揜故也。又曰。道是形而上者。鬼神是形而下者。此章即鬼神之費隱。以明道之費隱。言觀鬼神之體至隱而其用至費如此。則道之用所以至費者。豈非有至隱以爲之體乎。○朱氏伸曰。視弗見聽弗聞。德之微也。體物不可遺德之顯也。○新安陳氏曰。鬼神爲物之體。故此曰體物。猶貞爲事之幹。故乾卦文言曰貞固足以幹事。張子曰天體物而不遺。猶仁體事而無不在也。味其語意可互相發明

使天下之人齊明盛服。以承祭祀。洋洋乎如在其上。如在

其左右齊側皆反

齊音齋下其齊同之爲言齊也。所以齊不齊而致其齊也。出禮記祭統篇。謂齊其不齊之思慮以極致其齊也。明猶潔也。明潔其心。○陳氏曰。齊明是肅於內。盛服是肅於外。內外交致之功也。洋洋流動充滿之意。能使人畏敬奉承而發見形甸反下同昭著如此。乃其體物而不可遺之驗也。問洋洋如在其上。如在其左右。似不是感格意思。是自然如此。朱子曰。固是。然亦須自家有以感之始得。○雙峯饒氏曰。使天下之人。使字最好看。見得他靈處。○陳氏曰。承祭祀。如天子祭天地。諸侯祭社稷。大夫祭五祀。士祭其先之類。隨所當祭者誠敬以集自家精神。則彼之精神亦集。使洋洋流動充滿。如神在焉。○新安陳氏曰。此章自體物而不可遺以上所說鬼神。所包甚闊。凡天地造化。日月風雨霜露雷霆。四時寒暑晝夜。潮水消長。草木生落。人生血氣盛衰。萬物生死。無非鬼神。自使人齊明以下。方是就無所不包之鬼神中提出所當祭祀之鬼神來說。見得鬼神隨祭而隨在。流動充滿。昭著發見。無所不在。所謂體物而不可遺者。豈不可驗之於此哉○東陽許氏曰。如在上。如在左右。此是於祭祀時見體物不可遺處。所以章句言乃其體物不可遺之驗○前以天地造化二氣一氣言。是言鬼神之全。後所謂承祭祀者。如天神地示人鬼及諸祀亦皆鬼神。却是從全體中指出祭祀者。使人因此識其大者

孔子曰。其氣發揚于上。爲昭明。焄音熏**蒿悽愴。**初亮反**此百物之精也。神之著也。**禮記祭義篇。孔子答宰我問鬼神之語**正謂此爾**朱子曰。鬼神之露光景是昭明。其氣蒸上感觸人者。是焄蒿。使人精神凜然竦然。如漢書所謂神君至其風颯然之意。是悽愴○問鬼神章首尾皆主二氣屈伸往來而言。而中間洋洋如在其上。乃引其氣發揚于上爲昭明焄蒿悽愴。此乃人物之死氣。似與前後意不合。何也。曰。死便是屈。感召得來便是伸。祖宗氣只存在子孫身上。祭祀時只是這氣便自然又伸。自家極其誠敬。肅然如在其上。是甚物。那得不是伸。此便是神之著也

詩曰神之格思不可度思矧可射思度待洛反射音亦詩作斁

詩大雅抑之篇格來也矧況也射厭也言厭怠而不敬也思語辭陳氏曰言神明之來視不見聽不聞皆不可得而測度矧可厭斁而不敬乎

夫微之顯誠之不可揜如此夫夫音扶

誠者眞實無妄之謂此誠字指鬼神之實理而言陰陽合散無非實者故其發見之不可揜如此延平李氏曰中庸發明微顯之理於承祭祀時爲言者只謂於此時鬼神之理昭然易見令學者有入頭處爾○朱子曰鬼神只是氣之屈伸其德則天命之實理所謂誠也○鬼神主乎氣爲物之體物主乎形待氣而生蓋鬼神是氣之精英所謂誠之不可揜者誠實也言鬼神是實有者也屈是實屈伸是實伸合散無非實者故其發見昭昭不可揜如此○上下章恁地說忽插一段鬼神洋洋如在其上如在其左右在這裏也是鳶飛魚躍意思所以末稍只說微之顯誠之不可揜如此夫

○陳氏曰此理雖隱微而甚顯以陰陽之往來屈伸皆是眞實而無妄所以發見之不可揜如此詩云三句視弗見聽弗聞意微之顯誠之不可揜説如在上在左右意○雙峯饒氏曰中庸誠之一字方見於此葢爲自此以後言誠張本也後章誠字即此章誠字但此章誠是費之所以然處以理言也後章誠字是以貫衆費而有諸己處以德言也皆所謂隱也○雲峯胡氏曰誠者中庸一書之樞紐而首於此章見之漢儒皆不識誠字宋李邦直始謂不欺之謂誠徐仲車謂不息之謂誠至子程子始曰無妄之謂誠子朱子又加以眞實二字誠之説盡矣六經言誠自商書始書但言鬼神享人之誠而中庸直言鬼神之誠其旨微矣鬼神者造化陰陽之氣誠者即造化陰陽之理也實有是理則實有是氣其體甚微其用甚顯視不見聽不聞微也前所謂隱也體物而不可遺顯也前所謂費也前言君子之道以人道言此言鬼神之德以天道言人道其用也故先言用之費而體之隱者即在費之中天道其體也故先言體之微而用之顯者亦不出乎微之外言固各有當也體物而不可遺章句以爲體物猶易所謂幹事木非幹不立葉非幹易傾幹字釋體字最有力此是指鬼神之

顯處以示人。人之齊明盛服。鬼神未嘗使之。而若有使之者。洋洋如在。鬼神精爽。直與人之齊明相接。章句謂此即其體物而不可遺之驗也。蓋前此所謂鬼神無所不包。此又就無所不包之中。提出當祭祀之鬼神來說。是又指鬼神之最顯處示人。然此其顯也。必有所以顯者。末斷之曰微之顯。誠之不可揜如此夫。鬼神無聲無形。於天下之物。如之何其體之。於天下之人。又如之何其處之。顯然一至誠之不可揜如此也。凡物之終始。莫非陰陽合散之所為。而陰陽合散。莫非眞實無妄之理。後世此理不明。有瀆鬼神於佛老而競為淫祀以徼福者。一何怪誕不經至此哉。嗚呼。使天下後世而皆知天命之性。則知佛氏之空者非性矣。皆知率性之道。則知老氏之無者非道矣。皆知鬼神之誠。則知後世淫祀之幻妄者非誠矣。朱子以為憂之也深。而慮之也遠。信哉

○新安陳氏曰。末二句。又該貫上章首五句去。雖因祭祀而發。不止為祭祀言也。視弗見。聽弗聞。鬼神之妙雖無形而難知。其為體物而不可遺則顯著而可見。微字與誠字對。顯字與不可揜對。自其妙言之曰微。自其實言之曰誠。鬼神之德。誠而已矣。實有是理。故實有是陰陽之氣。實有是氣。則實有是鬼神。其所以為物之體而

不可遺。其所以洋洋如在之發見顯著而不可揜者。無非以其實故也。鬼神之德豈有出於誠之外者哉

右第十六章　不見不聞隱也。體物如在則亦費矣。此前三章以其費之小者而言。此後三章以其費之大者而言。此一章兼費隱包大小而言　胡氏曰。此前三章說費之小處。言日用之間道無不在。此後三章說費之大處。言道之至近而放乎至遠。中間此一章以鬼神之微顯明道之費隱。而包大小之義。所以發上章未發之蘊。而貫前後六章之指。且爲下文諸章之論誠者張本也。○新安陳氏曰。前章非小也。以後章校之。則前章之身位與家。比後章之大關天下萬世。則爲小耳。包大小者。體物而不可遺。總而言之。所該甚大。即一物言之。亦鬼神實爲之體。茲非小歟。以承祭祀。天子祭天地。大也。士庶所祭亦是祭祀。又非小歟

子曰。舜其大孝也與。德爲聖人。尊爲天子。富有四海之內。

宗廟饗之，子孫保之。與平聲

子孫。謂虞思陳胡公之屬舜子孫不止乎此。故以之屬二字該之。○左傳哀公元年。

夏后少康逃奔有虞。虞思於是妻去聲之以二姚。二女也。姚、虞姓。而邑諸綸。邑名。有田一成。方十里。有衆一旅。

五百人。○襄公二十五年曰。子產之言昔虞閼父爲周

陶正以服事我先王。我先王賴其利器用也。與其神明

之後也。庸以元女大姬配胡公。庸、用也。元女、武王之長女也。胡公、閼父之子。滿也。而封諸陳以備三恪。周封夏

殷二王後。又封舜後。皆以示敬而已。故謂之三恪則我

周之自出。至于今是賴○西山眞氏曰。舜以聖德居尊

位。其福祿上及宗廟。下延子孫。所以爲大孝。舜所知孝

而已。祿位名壽天實命之。非舜有心得之也。○宣氏曰。

書孟子論舜之孝。言孝之始。指事親之實也。中庸言孝

之終。發明其功用之大也。○新安陳氏曰。孟子稱舜爲

大孝。以親厎豫天下化言。此稱舜爲大孝。以德爲聖人

尊爲天子。富有四海之內。宗廟饗之。子孫保之言。何也。

常人使人稱願然曰幸哉有子。如此尚謂之孝。舜

德爲聖人。而能尊富饗保如此。豈不可爲大孝乎

故大德必得其位必得其祿必得其名必得其壽

舜年百有十歲書舜典舜生三十徵庸三十在位五十載陟方乃死○問大德者必得位祿名壽乃理之常然獨孔子有德而不得位祿與壽惟得聖人之名耳此乃氣數之變仁山金氏曰此所謂聖人所不能也然爲教無窮而萬世享之子孫保之此又大德必得之驗也

故天之生物必因其材而篤焉故栽者培之傾者覆之

材質也篤厚也栽植也氣至而滋息爲培氣反而游散則覆朱子曰因其材而篤焉是因其材而加厚○物若扶植種在土中自然生氣湊泊他若已傾倒則生氣無所附着從何處來相接如人疾病若自有生氣則藥力之氣依之而生氣滋長若已危殆則生氣流散而不復相湊矣○永嘉薛氏曰天人之應至難言也而聖賢常若有可必之論曰積善之家必有餘慶積不善之家必有餘殃今曰大德而謂之必得其位必得其祿與名壽聖賢何若是爲必然之論而亦豈能盡取必於天

哉。天之生物必因其材質而加厚焉。其本固者。雨露必滋培之。其本傾者。風雨必顚覆之。其培之也非恩之也。其覆之也非害之也。皆理之必然者也。○新安陳氏曰。以理言則必然。以數言則或不必然。理者其常而數者其變也

詩曰。嘉樂君子。憲憲令德。宜民宜人。受祿于天。保佑命之。自天申之

詩大雅假樂音洛之篇。假當依此作嘉。憲當依詩作顯。申重去聲也。雙峯饒氏曰。栽培傾覆只將天之生物喻天之眷聖人。嘉樂君子憲憲令德便是栽受祿保佑。申之。便是培。○東陽許氏曰。可嘉可樂之君子其令善之德顯顯昭著。宜於人民。故受天之祿而爲天下之主。既受天祿矣。而天又保之佑之。復申重之。其所以反覆眷顧之者如此。又重明上文大德必得四者之一節也

故大德者必受命

受命者受天命為天子也問舜之大德受命正是為善受福中庸却言天之生物栽培傾覆何也朱子曰只是一理此亦非有物使之然但物之生時自節節長將去恰似有物扶持他及其衰也則自節節消磨將去恰似有物推倒他理自如此惟我有受福之理故天既佑之又申之董仲舒曰為政而宜於民固當受祿于天他說得自有意思○陳氏曰孔子德與舜同而名位祿壽乃與舜反何也蓋有舜之德而必得其應者理之常有孔子之德而不得其應者理之不得其常也大抵聖人之生實關天地大數天地之氣自伏羲至堯舜正是長盛時節堯舜禀氣清明故為聖人又得氣之高厚所以得位得祿又得氣之長遠所以得壽周衰以至春秋天地之大氣數已微雖孔子亦禀氣清明本根已栽植然適當氣數之衰雖培擁之而不可得所以不得祿位僅得中壽蓋理之不得其常也○雲峯胡氏曰前言父母之順在於宜兄弟樂妻帑不過目前之事費之小者也此言孝之大在於宗廟饗子孫保則極其流澤之遠費之大者也前言費之小則曰居易以俟命學者事也此言費之大則曰大德必受命聖人事也栽者培之是言有德者天必厚其福可為居易

者勸。傾者覆之。是言不德者天必厚其毒。可爲行險者戒矣。所引詩專爲栽者培之而言也。○新安陳氏曰。必者決然之辭。必得其位至必受命六必字皆是常理之必然者。此句總結上文意。○東陽許氏曰。自舜其大孝至子孫保之一節。言舜之事實。自故大德至必得其壽一節。泛言理之必然。自故天之生物至覆之一節。言善惡之應。所必至。後引詩又證有德之應如此。故以大德者必受命結之

右第十七章　此由庸行去聲之常孝也推之以極其至。新安陳氏曰。大孝也。德爲聖人以下皆是推極其至見道之用廣也。而其所以然者。則爲體微矣。後二章亦此意

子曰。無憂者其惟文王乎。以王季爲父。以武王爲子。父作之。子述之

此言文王之事。書言王季其勤王家。蓋其所作亦積功

累魯水反仁之事也海陵胡氏曰。舜禹父則瞽鯀。堯舜子則朱均。所以惟文王爲無憂。○兼山郭氏曰。憂勤者。文王也。無憂者。後人之言文王也。○雲峯胡氏曰。文王父作子述。人倫之常也。舜之父子。人倫之變也。舜惟順於父母可以解憂。此所以曰無憂者其惟文王也

武王纘大王王季文王之緒。壹戎衣而有天下。身不失天下之顯名。尊爲天子。富有四海之內。宗廟饗之。子孫保之。大音泰下同

此言武王之事。纘作管反繼也。大王。王季之父也。書云。大王肇基王迹。詩云。至于大王。實始翦商。書武成篇。王若曰。嗚呼。羣后。惟先王建邦啓土。公劉克篤前烈。至于大王。肇基王迹。王季其勤王家。○詩閟宮篇。后稷之孫。實維大王。居岐之陽。實始翦商。至于文武。纘大王之緒。致天之届。于牧之野。緒。業也。戎衣。甲冑之屬。壹戎

衣。武成文。言壹著。陟畧反戎衣以伐紂也。問身不失天下之顯名。與必得其名須有些等級不同。朱子曰。看來也是有些異。如堯舜與湯武。眞箇爭分數有等級。只看聖人說謂韶盡美矣。又盡善也。謂武盡美矣。未盡善也。處便見。○三山陳氏曰。周家之業。自大王遷岐。從如歸市。是時人心天意已有爲王之基。武王一擐戎衣以有天下。此蓋天命人心之極。不得而辭者。○蔡氏曰。大王雖未有翦商之志。然大王始得民心。王業之成。實基於此。○問孔子於舜言必得其名。於武王言身不失天下之顯名。語意似有斟酌。雙峯饒氏曰。反之不若性之之純。征伐不若揖遜之順。

武王末受命。周公成文武之德。追王大王王季。上祀先公以天子之禮。斯禮也。達乎諸侯大夫及士庶人。父爲大夫。子爲士。葬以大夫。祭以士。父爲士。子爲大夫。葬以士。祭以大夫。期之喪。達乎大夫。三年之喪。達乎天子。父母之喪無

貴賤一也追王之王去聲

此言周公之事。末猶老也。追王。蓋推文武之意以及乎王迹之所起也。新安陳氏曰。蓋者疑辭。以意推之。觀武成稱大王王季文王可見矣先公。組音紺古暗反以上至后稷也。史記周本紀。后稷別姓姬氏。后稷卒。子不窋立。不窋卒。子鞠陶立。鞠陶卒。子公劉立。公劉卒。子慶節立。國於豳。慶節卒。子皇僕立。皇僕卒。子差弗立。差弗卒。子毀隃立。毀隃卒。子公非立。公非卒。子高圉立。高圉卒。子亞圉立。亞圉卒。子公叔祖類立。公叔祖類卒。子古公亶父立。組紺。即公叔祖類。乃大王之父也。上祀先公以天子之禮。又推大王王季之意以及於無窮也。問組紺以上祀先公以天子之禮。所謂葬以士祭以大夫之義。朱子曰。然。周禮祀先王以袞冕。祀先公以鷩冕。則祀先公依舊止用諸侯之禮。鷩冕諸侯之服。但乃是天子祭先公之禮耳。蓋不敢以天子之服臨其先公。鷩冕旒玉與諸侯不同。天子之旒十二玉。雖諸侯同是七旒。但天

子七旒十二玉。諸侯七旒七玉耳。○新安陳氏曰。無窮謂自大王以上及乎前無窮盡直至於后稷也

制爲禮法以及天下。使葬用死者之爵。祭用生者之祿。喪服自期居之反以下。新安陳氏曰。上言葬祭禮。此言喪服禮諸侯絕。大夫降。

而父母之喪上下同之。推己以及人也朱子曰。夏商而上。只是親親長長之意。到周又添得許多貴貴底禮數。如始封之君不臣諸父昆弟。封君之子不臣諸父而臣昆弟。期之喪天子諸侯絕。大夫降。然諸侯大夫尊同。則亦不絕不降。姊妹姪在諸侯者。亦不絕不降。此皆貴貴之義。上世想皆簡畧。未有許多降殺。貴貴底禮數。凡此皆天下之大經。前世所未備。到得周公搜剔出來立爲定制。更不可易○陳氏曰。周公推文武大王王季之意。追尊其先王先公。又設爲禮法通行此意於天下。所謂推己以及人也。

此章言文武周公能盡中庸之道。○山陰陸氏曰。經不言追王文王者。以上言周公成文武之德。追王之意文王與焉故也。○新安王氏曰。追王之禮。夏商未有。武王晚而受命。初定天下。追王及於文考。至周公因文王之

孝武王之志追王上及大王王季不言武王追王者禮
制定於周公故也大王以上追王不及而武成稱后稷
爲先王蓋史官刪潤之辭然追王止於三王而祀用天
子之禮則上及先公蓋喪從死者祭從生者天下之達
禮也父爲大夫子爲士葬以大夫而祭以士非貶也父
爲士子爲大夫葬以士而祭以大夫非僭也武王爲天
子則祭先公用天子之禮其義當然祭禮殺於下而上
致其隆喪禮詳於下而上有所畧若夫父母之喪則自
天子至於庶人賤無加隆貴無降殺孟子所謂三代共
之者也○潛室陳氏曰伸情於父母獨三年之喪上達
於天子其他各有限節等衰不可盡伸也○雲峯胡氏
曰周家自大王以至周公世世修德古所無也周公追
王之禮特以義起古所無也所以中庸特表而出之此
段須看章句推字與及字周公推文武之意以及大王
王季於是始行追王之禮又推大王之意以及組紺以
至后稷於是祀以天子之禮又推此及諸侯大夫士庶
人使各得以行喪祭之禮孝心上下融徹禮制上下通
行此周公所以謂之達孝也此章之末數達字所以有
下章之首一達字○新安陳氏曰三年之喪自庶人上
達於天子蓋以子於父母喪服無貴賤之分一而已未

二句只是申明上二句。父母之喪。即三年之喪。朱子謂中庸之意只是主父母而言。未必及其他者也

右第十八章

子曰武王周公其達孝矣乎

達。通也。承上章而言武王周公之孝乃天下之人通謂之孝。猶孟子之言達尊也西山真氏曰。人君以光祖宗遺後嗣爲孝。舜之孝如天之不可名。故曰大。武王周公之孝。天下稱之無異辭。故曰達。○江陵項氏曰。舜爲人道之極。萬世仰之不可加也。周爲王制之備。萬世由之不能易也。此蓋古之盡倫盡制者。故舉之以爲訓也。○雙峯饒氏曰。達孝是承上章三達字而言。言其孝不特施之家。又能達之天下。如斯禮達乎諸侯大夫及士庶人。是自上達下。期之喪至達乎天子。是自下達上。能推吾愛親之心而制爲喪制之禮以通乎上下。使人人得致其孝。故謂之達孝。如所謂德教加於百姓。刑于四海。此天子之孝是也

夫孝者善繼人之志善述人之事者也

上章言武王纘大王王季文王之緒以有天下而周公成文武之德以追崇其先祖此繼志述事之大者也下文又以其所制祭祀之禮通于上下者言之西山眞氏曰當持守而持守固繼述也當變通而變通亦繼述也○新安陳氏曰祖父有欲爲之志而未爲子孫善繼其志而成就之祖父有已爲之事而可法子孫善因其事而遵述之

春秋脩其祖廟陳其宗器設其裳衣薦其時食

祖廟天子七諸侯五大夫三適音的士二官師一禮記王制天子七廟三昭三穆與大祖之廟而七諸侯五廟二昭二穆與大祖之廟而五大夫三廟一昭一穆與大祖之廟而三士一廟此謂諸侯之中士下士名曰官師者若上士則二廟庶人祭於寢○祭法適士二廟一壇曰考廟曰

王考廟享嘗乃止。顯考無廟。官師一廟。曰考廟。王考無廟〇問官師一廟得祭父母而不及祖。無乃不盡人情耶。朱子曰。位卑則流澤淺。其理自然如此。又問今士庶人家亦祭三代。却是違禮。曰。雖祭三代却無廟。亦不可謂之僭。古所謂廟。體面甚大。皆具門堂寢室。非如今人但以一室爲之〇官師。謂諸有司之長。止及禰。却於禰一廟併祭祖。適士二廟祭祖祭禰。皆不及高曾。大夫一昭一穆。與太祖之廟而三。大夫亦有始封之君。如魯季氏則公子友。仲孫氏則公子慶父。叔孫氏則公子牙。是也。王制天子七廟三昭三穆與太祖之廟而七。諸侯大夫士降殺以兩。而祭法又有適士二官師一廟之文。大抵士無太祖。而皆及其祖考也〇新安王氏曰。先王先公。有廟有祧。廟則有司脩除。祧則守祧黝堊。此脩其祖廟也

宗器先世所藏之重器。若周之赤刀。大訓。天球。音求**河圖之屬也。**書顧命。越玉五重陳寶。赤刀。大訓。弘璧。琬琰。在西序。大玉。夷玉。天球。河圖。在東序赤刀。赤削也。武王誅紂時以赤爲飾。大訓。三皇五帝之書。訓誥亦在焉。文武之訓亦曰大訓。天球。鳴球。玉磬也。河圖。伏羲時龍馬負圖出於河

裳衣。先祖之遺衣

服祭則設之以授尸也。授尸使神依焉時食四時之食各有其物。如春行羔豚膳膏香之類是也。周禮天官冢宰庖人凡用禽獸春行羔豚膳膏香。夏行腒鱐膳膏臊。行猶用也。腒音渠乾雉也。鱐音搜乾魚也。臊犬膏。治腒鱐以犬膏也秋行犢麛膳膏腥。冬行鱻羽膳膏羶。犢牛子。麛音迷鹿子。腥雞膏。鱻音鮮。魚也。羽鴈也。羶羊脂也又禮記內則篇亦云○格菴趙氏曰。四時之食各有其物。以奉人者薦神蓋以生事之也。羔稚羊。豚稚豕。嫩而肥。故春用之。香謂牛膏也。調膳之物。各以物之所便而和之○朱氏伸曰此以下併前章論喪葬之禮脩道之教也

宗廟之禮所以序昭穆也序爵所以辨貴賤也序事所以辨賢也旅酬下為上所以逮賤也燕毛所以序齒也昭如字為去聲

宗廟之次。左為昭。右為穆。而子孫亦以為序。有事於太

廟則子姓兄弟群昭群穆咸在而不失其倫焉格庵趙氏曰左昭右穆者死者之昭穆也群昭群穆者生者之昭穆也宗廟之禮非特序死者之昭穆亦所以序生者之昭穆○新安陳氏曰王制所謂三昭三穆昭在左左爲陽昭者陽明之義穆在右右爲陰穆者陰幽之義以周言之書於文王曰穆考文王詩於武王曰率見昭考父穆則子昭父昭則子穆也子孫亦以爲序祭統所謂昭與昭齒穆與穆齒是也爵公侯卿大夫也事宗祝有司之職事也新安陳氏曰宗宗伯宗人之屬祝大祝小祝也並見周禮祭祀以任職事爲賢次序與祭之職事所以辨其人之賢也旅衆也酬導飲也旅酬之禮賓弟子兄弟之子各舉觶音至飲器也於其長上聲下同而衆相酬祭將畢時行衆相酢之禮蓋宗廟之中以有事爲榮故逮及賤者使亦得以申其敬也朱子曰旅酬禮下爲上交勸先一人如鄉吏之屬升觶或二人舉觶獻賓賓不飲卻以獻執事執事一人受之以獻

於長以次獻至于沃盥者所謂逮賤也○問酧導飲也曰主人酬以獻賓賓酢主人曰酢主人又自飲而復飲賓曰酧其主人又自飲者是導賓使飲也賓受之奠於席前至旅而後舉主人飲二杯賓只飲一杯疑後世所謂主人倍食於賓者此也

燕毛祭畢而燕則以毛髮之色別彼列反長幼爲坐次也齒年數也雲峯胡氏曰序爵所以貴貴賤者宜在所略旅酬下爲上賤者亦得以伸其敬矣序事所以賢賢老者若在所簡燕毛則於老者獨加敬矣禮意周浹如此亦通乎上下而言也○新安陳氏曰辨貴賤以爵序也辨賢以德序也序齒以齒序也逮尊三亦見於祭禮中者如此○東陽許氏曰祭畢而燕今不知其儀亦於楚茨之詩見其大意云皇尸載起神保聿歸然後言諸父兄弟備言燕私下章曰樂具入奏說者謂祭時在廟燕當在寢故祭時之樂皆入奏於寢也所謂燕禮其可知之彷彿若此○宗廟之禮一節五事禮意至爲周密序昭穆既明同姓之尊卑序爵是合同姓異姓之貴賤蓋皆指助祭陪位者而言至於序賢則分別群臣之賢否廟中奔走執事必擇德行之優威儀之美趨事之純熟者爲之賢者既有

事則不賢者亦自能勸。雖然。既以有事爲榮。則事不及之者。豈不有恥。則又有序爵以安其心。執事者既榮無事有爵而在列者。及賤而役於廟中者。皆得與旅酬。至此賢不賢皆恩禮之所逮。然此合同姓異姓而通言。至祭禮已畢。尸既出。異姓之臣皆退。獨燕同姓。是親親之禮又厚於疏遠者。見制禮之意文理密察。恩意周備。仁至義盡。而文章粲然。

踐其位。行其禮。奏其樂。敬其所尊。愛其所親。事死如事生。事亡如事存。孝之至也。

踐。猶履也。其。指先王也。所尊所親。先王之祖考子孫臣庶也。始死謂之死。既葬則曰反而亡焉。皆指先王也。朱子曰。記曰。反哭升堂。反諸其所作也。室。婦入于室。反諸其所養也。須知得這意。則所謂踐其位。行其禮等事。行之自安。方見得繼志述事之事。○陳氏曰。事死如生。居喪時事。事亡如存。葬祭時事。此結上文兩節。皆繼志述事之意也。雙峯饒氏曰。踐其位三句。是善述事。敬所尊三句。是善繼志。○新安陳氏曰。善繼志述事至於如此。所以爲孝之至也

郊社之禮。所以事上帝也。宗廟之禮。所以祀乎其先也。明乎郊社之禮。禘嘗之義。治國其如示諸掌乎

郊祭天。社祭地。不言后土者。省文也。朱子曰。周禮只說祀昊天上帝。不說祀后土。先儒說祭社便是。如郊特牲而社稷大牢。又如用牲于郊牛二。乃社于新邑。此乃明驗。五峯言無北郊。只社便是祭地。此說却好。○新安陳氏曰。首句提郊與社。則次句宜云所以事上帝后土也。今不然。乃省文

禘。天子宗廟之大祭。追祭太祖之所自出於太廟。而以太祖配之也。詳見語問禘章。太祖。即始祖也。嘗。秋祭也。四時皆祭。舉其一耳。禮必有義。對舉之。互文也。示。與視同。視諸掌。言易

去聲見也此與論語文意大同小異記有詳畧耳此申言武王與周公能盡中庸之道○朱子曰游氏說郊社之禮所謂惟聖人爲能饗帝禘嘗之義所謂惟孝子爲能饗親意思甚周密○譚氏曰治道不在多端在夫致敬之間而已當其執圭幣以事上帝之時其心爲何如當其奠斝以事祖宗之時其心爲何如是心也舉皆天理無一毫人僞介乎其間鬼神之情狀天地萬物之理衆見於此推此心以治天下何所往而不當○雙峯饒氏曰序昭穆序爵序事序齒下爲上此親親長長貴貴尊賢慈幼逮賤之道便是治天下之經敬其所尊敬也愛其所親仁也事死亡如生存誠也盡是三者孝也仁孝誠敬指心而言是又治天下之本一祭祀之間而治天下之道具於此故結之曰明乎此者治國其如示諸掌乎○雲峯胡氏曰上文孝之至也已結了達孝二字此又別是一意蓋上章與此章上文專以宗廟之禮言此則兼以郊禘之禮言周公制爲禮法未嘗不通上下之情亦未嘗不嚴上下之分祭祀之禮通上下得行事上帝惟天子得行之故特先後而言之曰此所以事上帝也此所以祀乎其先也名分截然不可犯也明乎郊社之禮胡

爲先郊而後社。郊祭天。惟天子得行之。社則自侯國以至於庶人各有社。上下可通行也。明乎禘嘗之義。胡爲先禘而後嘗。禘大祭。惟天子得行之。嘗宗廟之秋祭。上下可通行也。前章末言三年之喪庶人得以通乎天子。必有父也。此章末言郊禘之祭諸侯不得以通乎天子。必有君也。但言周公之制禮如此。而不足於魯之郊禘非禮。其意自見於不言之表。此所以爲聖人之言也。○張氏存中曰。禮記王制。天子諸侯宗廟之祭。春曰礿夏曰禘。秋曰嘗冬曰烝。此蓋夏殷之祭名。周則改之春曰祠夏曰礿秋冬同。詩小雅曰。禴祠烝嘗于公先王。此乃周四時祭宗廟之名也。祭統所載與王制同。礿禴同

右第十九章 雙峯饒氏曰。以上八章自第十二章至此。皆以道之費隱言。當爲第三大節

哀公問政

哀公魯君名蔣

子曰。文武之政布在方策。其人存則其政舉。其人亡則其

政息

方版也策簡也葉氏少蘊曰木曰方竹曰策策大而方小聘禮束帛加書百名以上書於策不及百名書於方既夕禮書賵於方書遣於策蓋策以衆聯方一而已息猶滅也有是君有是臣則有是政矣

人道敏政地道敏樹夫政也者蒲盧也夫音扶

敏速也蒲盧沈括以爲蒲葦是也以人立政猶以地種樹其成速矣而蒲葦又易去聲下同生之物其成尤速也言人存政舉其易如此顧氏曰以蒲葦喻政之敏猶孟子以置郵喻德之速

故爲政在人取人以身修身以道修道以仁

此承上文人道敏政而言也爲政在人家語作爲政在

於得人。語意尤備。人。謂賢臣。身。指君身。道。道者天下之達道。仁者天地生物之心而人得以生者。所謂元者善之長上聲也。此句見易乾文言。○朱子曰。元亨利貞皆是善。而元則爲善之長。亨利貞皆是那裏來。仁義禮智亦皆善也。而仁則爲萬善之首。義禮智皆從這裏出爾。言人君爲政在於得人。而取人之則。又在脩身。三山陳氏曰。爲政雖在得賢。然使吾身有所未修。則取舍不明。無以爲取人之則。能仁其身。則有君有臣。而政無不舉矣。問仁亦是道。如何說脩道以仁。朱子曰。道是泛說。仁是切要底。道是統言義理公共之名。仁是直指人心親切之妙。○問這箇仁字是偏言底。曰。仁者人也。親親爲大。如此說則是偏言。○象山陸氏曰。仁。人心也。人者政之本。身者人之本。心者身之本。不造其本而從事其末。不可得而治矣。○西山眞氏曰。道與仁非有二致。道者衆理之總名。仁者一心之全德。志乎道而弗他。知所向矣。仁則其歸宿之地。而用功之親切處也。○新安陳氏曰。仁其身三字精妙。以三字包括脩身以道脩道以仁八字。脩道以仁。如志道據德而依於仁。脩身工夫至於以仁。可謂能仁。其身而身與仁爲一矣。能仁其身。則君身脩。是有君也。以身爲取人之準則。則得其人。是有臣也。有君有臣。則人存而宜乎政舉。此所以繳結上文。照應前有是君有是臣則有是政之説○新安倪氏曰。此仁字以上文觀之。曰脩身以道脩道以仁。是自身上説歸心上。兼心之德愛之理而言。故章句曰仁者天地生物之心而人得以生者。所謂元者善之長也。而眞氏亦曰仁者一心之全德。以下文觀之。曰仁者人也。親親爲大。是又從身上説到親親上。方以愛之理言。故章句曰人指人身而言具此生理自然便有惻怛慈愛之意。而朱子亦曰是偏言。詳玩之則可見矣

仁者人也。親親爲大。義者宜也。尊賢爲大。親親之殺。尊賢之等。禮所生也。殺去聲

人。指人身而言。具此生理。自然便有惻怛當葛反慈愛之

意深體味之可見。朱子曰。以生字說仁。生自是上一節事。當來天地生我底意。我如今須要自體認得○西山眞氏曰。人之所以爲人。以其有此仁也。有此仁而後命之曰人。不然則非人矣○雙峯饒氏曰。人字之義難訓。但凡字須有對待。即其所對之字觀之。其義可識。孔子曰。未能事人。焉能事鬼。此仁字正與鬼字相對。生則爲人。死則爲鬼。仁是生底道理。所以以人訓仁。人若不仁。便是自絕其生理○東陽許氏曰。仁者人也。此是古來第一箇訓字。言混成而意深密。深體味之。則具人之形。必須盡乎仁。其所以盡仁。則不過盡人道而已

宜者分別。彼列反事理各有所宜也。禮則節文斯二者而已。朱子曰。宜。指事物當然之理。道理宜如此。節者。等級也。文者。不直截而回互之貌。是裝褁得好。如升降揖遜○問脩道以仁。繼以仁者人也。何爲下面又添說義禮。曰。仁便有義。陽便有陰。親親仁之事。尊賢義之事。親之尊之。其中自有箇降殺等差。這便是禮。親親在父子如此。在宗族如彼。所謂殺也。尊賢有當事之者。有當友之者。所謂等也○北溪陳氏曰。親親則有隆殺。三年與期功緦是也。尊賢亦有等級。如大賢爲吾師。次賢

爲吾友是也。纔有隆殺等級，便有節文而禮生乎其間矣。禮所以節文斯二者，使無過不及之患。節則無大過，文則無不及也。○雙峯饒氏曰：等殺是人事，禮是天理，人事之輕重高下，皆天理有以節文之。

在下位不獲乎上，民不可得而治矣。

鄭氏曰：此句在下，誤重（平聲）在此。

故君子不可以不脩身；思脩身，不可以不事親；思事親，不可以不知人；思知人，不可以不知天。

爲政在人，取人以身，故不可以不脩身。脩身以道，脩道以仁，故思脩身不可以不事親。事親，即是以親親之仁，事其親欲盡親親之仁，必由尊賢之義，故又當知人。陳氏曰：知人有賢否之別，賢者近之，不肖者遠之，有師友之賢，則親親之道益明；與不肖處，則必辱其身以及其親矣。親親之殺，尊賢之等皆天理也故又當知天程子曰不知天則於人之愚智賢否有所不能知雖知之有所不盡故思知人不可以不知天不知人則所親者或非其人所由者或非其道而辱身危親者有之故思事親不可以不知人故曰不信乎友不悅乎親矣○朱子曰此一節却是倒看根本在脩身然脩身得力處却是知天知天是物格知至知得箇自然道理學若不知天便記得此又忘彼得其一失其二未知天見事頭緒多既知天了這裏便都定這事也定那事也定○知天是起頭處能知天則知人事親脩身皆得其理矣聞見之知非眞知也只要知得到信得及如君之仁子之孝之類人所共知而多不能盡者非眞知故也○三山陳氏曰脩身而不本於事親則施之無序失爲仁之本矣事親之仁不由尊賢之義則善惡不明失事理之宜矣事親知人而等殺不明不知天理者也書曰天秩有禮故於此又當知天所謂秩即等殺也自禮所生也以上推其理之所由生自君子不可不脩身以下繹其義之所以貫○雙峯饒氏曰孔子對哀公之語至不可不知天處其間項目雖多然大意不過兩節而已始言政之擧息在乎人而其下自爲政在人推之以至

於脩道以仁所以明爲政之本在於仁也繼言仁義之等殺生乎禮而其下自君子不可不脩身推而至於不可不知天所以又明爲仁之端在於智也故兩節各以故字承之蓋爲下明善誠身張本明善智也誠身仁也問章首專歸重於人而以人訓仁下文又說義說禮今又謂爲仁以智爲先何也曰義者仁之對有箇仁自然有箇義禮又節文斯二者禮者天理自然之節文不是人安排故於事親知人歸宿於知天然非智不能知故末句發兩知字前賢截從知天斷朱子合作一章亦有深意九經與爲政相應前面說脩身親親尊賢故後面九經節節發明脩身也尊賢也親親也只是此三者爲綱目敬大臣體羣臣懷諸侯乃自尊賢之等推之也子庶民來百工柔遠人乃自親親之殺而推之也天下之達道五便是脩身之道天下之達德三便是事親之仁知天之智只添得箇勇字○雲峯胡氏曰上文脩道以仁即是率性之道知天之天字即是天命之性但天命之性是渾然者此從等殺上說是粲然者然其粲然者即其渾然者亦非有二天也

天下之達道五所以行之者三曰君臣也父子也夫婦也

昆弟也朋友之交也五者天下之達道也知仁勇三者天下之達德也所以行之者一也知去聲

達道者天下古今所共由之路即書所謂五典孟子所謂父子有親君臣有義夫婦有別彼列反長上聲幼有序朋友有信是也知知如字所以知此也仁所以體此也勇所以強此也此字指五達道體謂以身體而躬行之謂之達德者天下古今所同得之理也一則誠而已矣達道雖人所共由然無是三德則無以行之達德雖人所同得然一有不誠則人欲間去聲之而德非其德矣程子曰所謂誠者止是誠實此三者三者之外更別無誠朱子曰知底屬智行底屬仁勇是勇於知勇於行仁

智了。非勇便行不到。○知仁勇是做的事。誠是行此三者眞實的心。○蔡氏曰。達道本於達德。達德又本於誠。誠者達道達德之本。而一貫乎達道達德者也。○西山眞氏曰。道雖人所共由。然其智不足以及之。則君當仁臣當敬之類。未必不昧其所以然。知及之而仁不能守。仁守之而勇不能斷。則於當行之理。或奪於私欲。或蔽於利害。以至蔑天常敗人紀者多矣。德雖人所同得。然或不誠而勉強矯飾。則知出於術數。仁流於姑息。勇過於強暴。而德非其德矣。故行之必本於誠。一者誠也。三者皆眞實而無妄。是之謂誠。○雲峯胡氏曰。虞書曰。五教。曰五典。未嘗列五者之目。至此則曰天下之達道五。始列其目言之。蓋曰天叙有典。是言天命之性。不離此五者。曰敬敷五教。是言脩道之教。不離此五者。此曰達道。是言率性之道不離乎此五者也。

或生而知之。或學而知之。或困而知之。及其知之一也。或安而行之。或利而行之。或勉強而行之。及其成功一也。強上聲

知之者之所知。行之者之所行。謂達道也。以其分扶問反

而言則所以知者知（去聲下知也同）也。所以行者仁也。所以至於知之成功而一者勇也。（知之透徹行之成功便是勇）以其等而言則生知安行者知也。（如舜之大知）學知利行者仁也。（如顏子之克復爲仁）困知勉行者勇也。（困知勉行非勇則做不徹○朱子曰生知安行主於知而言不知如何行安行者只是安而行之不用着力然須是知得乃能行得也學知利行主行而言雖是學而知得然須著意去力行則所學而知得者不爲徒知也○問諸說皆以生知安行爲仁學知利行爲知先生獨反是何也曰論語說仁者安仁知者利仁與中庸說知仁勇意思自別生知安行便是仁在知中學知利行便是仁在知外旣是生知必能安行所以謂仁在知中若是學知便是知得淺些子須是力行方始到仁處所以謂仁在知外○生知安行以知爲主學知利行以仁爲主困知勉行以勇爲主○北溪陳氏曰就知仁勇等級而言之生知安行爲知知主於知就知上放重蓋先能知之而後能行之也學知利行爲仁仁主於行以行處爲重故知得須是）

行得也。困知勉行爲勇。此氣質昏懦之人。昏不能知。懦不能行。非勇則不足以進道。○雙峯饒氏曰。生知安行隱然之勇。學知利行。非勇不可到。困知勉行。全是勇做出來。蓋人性雖無不善而氣稟有不同者。故聞道有蚤莫與早暮同行道有難易。去聲然能自強如字不息。則其至一也。陳氏曰。人性雖無不善而氣稟有不同。惟其有清濁厚薄之分。所以有知行三等之別。上等之人。稟氣清明。所以義理昭著。不待教而後知。故曰生知。賦質純粹。所以安於義理。不待學習而能。故曰安行。此聖人地位也。其次者清多而濁少。於事物當然之理。必待學而後知。故曰學知。賦質純多而駁少。蓋真知道理而篤好之。如嗜欲然。故曰利行。此大賢地位也。又有一等人。稟氣濁多而清少。須是困心衡慮。然後發憤以求知。故曰困知。賦質駁多而純少。未能利行。且須黽勉強力而爲之。故曰勉行。此又其次等人地位也。凡此皆其氣質之不同者。然本然之性無有不善。或生知。或學知。或困知。及已知處則一般。或安行。或利行。或勉行。及其行之成功則一般。至此爲能復其本然之初矣。呂氏曰。所入之塗雖異而所至之域則同此所以爲中庸若乃企生知安行之資爲不可幾（平聲）及輕困知勉行謂不能有成此道之所以不明不行也雲峯胡氏曰以其分而言是說知行之屬有先後以其等而言是說氣質之屬有高下至於知之成功而一是知行之功足以變化氣質天命之性本一也至是則不見其氣質之不一者惟見其天命之本一者矣知行之不可不勇也如此夫

子曰好學近乎知力行近乎仁知恥近乎勇好近乎知之知並去聲

子曰二字衍文○此言未及乎達德而求以入德之事朱子曰上既言達德之名恐學者無所從入故又言其不遠者以示之使由是而求之則可以入德也聖人之言淺深遠近之序不可差欠如此○西山眞氏曰既言三達德又教以入德之路夫知必上智仁必至仁勇必大勇然後爲至然豈易遽及哉苟能好學不倦則亦近乎智力行不已則亦近乎仁以不若人爲恥則亦近乎

勇。蓋好學所以明理，力行所以進道，知恥所以立志，能於此三者用功，則三達德庶可漸至矣。通上文

三知爲知，去聲，下知同。非知。三行爲仁，則此三近者勇之次也。節齋蔡氏曰：三知主知，三行主仁，三近主勇。生知者知之知也，學知者仁之知也，困知者勇之知也。安行者仁之仁也，利行者知之仁也，勉行者勇之仁也。好學者知之勇也。〇力行者仁之勇也，知恥者勇之勇也。呂氏曰：

愚者自是而不求，自私者徇人欲而忘返，懦奴臥、奴亂二反。者甘爲人下而不辭。故好學非知，然足以破愚；力行非仁，然足以忘私。朱子曰：仁則力行工夫多，知則致知工夫多。好學近乎知，力行近乎仁，意自可見。〇三山陳氏曰：所謂力行足以忘私者，蓋世之怠惰不爲者，皆所以自便其所欲，故曰私。〇問：此章以力行言仁，前章服膺弗失，又以守言仁，何也？雙峯饒氏曰：守也，屬行。以擇爲知，則當以守爲仁；以知爲知，則當以行爲仁，各有所當。問：守與行如何屬仁？曰：仁者無私欲，心無私欲，然後能守能行。今人行不去，只是被私欲牽制，守不

住只是被私欲牽引耳○問呂氏元本云自私者以天下非吾事朱子毀之曰自私者徇人欲而忘返如何蛟峰方氏曰呂公以公爲仁有我爲不仁力行雖未是仁然足以去我朱子以純乎天理爲仁有欲便是不仁力行足以去欲故近仁呂氏就愛上用上說仁朱子就本體上說仁也

知恥非勇然足以起懦朱子曰知恥如舜人也我亦人也舜爲法於天下可傳於後世我猶未免爲鄉人也是則可憂也既恥爲鄉人進學安得不勇○雲峯胡氏曰達德自是人所同得之理而此復以其近者言之誘人之進也蓋雖昏惰之極亦未有不進者但患無恥耳周子曰必有恥則可教侯氏曰知恥非勇也能恥不若人則勇矣嗚呼彼悠悠者豈非無恥之甚哉○東陽許氏曰非知非仁非勇不曰不是知仁勇蓋知仁勇是德已至之定名若好學力行知恥亦知仁勇之事但未全爾此體貼三近字說

知斯三者則知所以脩身知所以脩身則知所以治人知所以治人則知所以治天下國家矣

斯三者指三近而言。人者。對己之稱。天下國家則盡乎人矣。言此以結上文脩身之意。起下文九經之端也。雲峯胡氏曰。黃氏云此章當一部大學。大學以脩身爲本。此章自首至此皆以脩身爲要。上文言脩身而曰不可不知天者。即大學逆推脩身之工夫至於格物致知者也。此言脩身而曰治人治天下國家者。即大學順推脩身之功効至於家齊國治天下平者也

凡爲天下國家有九經。曰脩身也。尊賢也。親親也。敬大臣也。體羣臣也。子庶民也。來百工也。柔遠人也。懷諸侯也

經常也。廣平游氏曰。經者其道有常而不可易。其序有條而不可紊。○三山陳氏曰。施之治天下國家可以常行而不變。故曰經。○倪氏曰。經者。常也。即所謂庸也體謂設以身處上聲其地而察其心也。子。如父母之愛其子也。雲峯胡氏曰。羣臣相去疎遠。休戚不

相知。必如以身處其地而察其心則可耳。庶民相去尤遠。休戚愈不可知。必如父母之愛其子乃可耳。體字子字。皆心誠求之者也。柔遠人。所謂無忘賓旅者也。無忘賓旅，本齊桓公葵丘載書中語。〇三山陳氏曰。遠人非四夷，乃商賈賓旅皆是離家鄉而來，須寬恤之。若謂四夷，不應在諸侯之上。此列九經之目也。呂氏曰。天下國家之本在身。故脩身爲九經之本。然必親師取友。然後脩身之道進。故尊賢次之。三山陳氏曰。下文既有大臣，又有羣臣，而此先云尊賢者，非臣之之謂。正書所謂能自得師，禮所謂當其爲師則不臣者也。道之所進。莫先其家。故親親次之。由家以及朝音潮廷。故敬大臣體羣臣次之。由朝廷以及其國。故子庶民來百工次之。由其國以及天下。故柔遠人懷諸侯次之。此九經之序也。問中庸九經先尊賢而後親親何也。程子曰。道孰先於親親，然不能尊賢。則不知親親之道。○陳氏曰。經有九。其實總有三件。三件合來其歸一件。蓋敬大臣。體羣臣。其本從尊賢來。子庶民。來百工。柔遠人。懷諸侯。其本從親親來。而親親尊賢之本。又從脩身來。視群臣猶吾四體。視百姓猶吾子。此視臣視民之別也。彼列反○朱子曰。體羣臣章句與呂說體字雖小不同。然呂說大意自好。不欲廢也。○新安陳氏曰。視臣猶四體。移之股肱大臣。豈不可乎。朱子所訓不可易矣。觀下文忠信重祿所以勸士。釋云待之誠而養之厚。蓋以身體之而知其所賴乎上者如此也。則體字謂以身處其地而察之。可移易否乎。

脩身則道立。尊賢則不惑。親親則諸父昆弟不怨。敬大臣則不眩。體群臣則士之報禮重。子庶民則百姓勸。來百工則財用足。柔遠人則四方歸之。懷諸侯則天下畏之。

此言九經之效也。道立謂道成於己而可爲民表。新安陳氏曰。表。儀也。如書所謂表正萬邦之表。所謂皇建其有極是也。書洪範。五皇極。皇建其有極。不惑。謂不疑於理。新安陳氏曰。得賢以師資講明。故不疑於理。不眩。音縣。謂不迷於事也。北溪陳氏曰。不惑。是理義昭著無所疑。不眩。是信任專。政事舉。無所眩迷也。敬大臣。則信任專。而小臣不得以間去聲之。故臨事而不眩也。來百工。則通功易事。農末相資。故財用足。朱子曰。若百工聚。則事事皆有。豈不足以足財用乎。如織紝可以足布帛。工匠可以足器皿之類。○雙峯饒氏曰。財用是兩字。財是貨財。用是器用。一人之身。豈能百工之所爲備。如農夫之耕。農器缺一不可。農得用以生財。工得財以贍用。推此可見其餘。蓋農工相資。則上下俱足。柔遠人。則天下之旅皆悅。而願出於其塗。故四方歸。懷諸侯。則德之所施去聲者博。而威之所制者廣矣。故曰天下畏之。陳氏曰。報禮重。君視臣如手足。臣視君如腹心也。百姓勸。

君待民如子。則民愛君如父母。庶民子來是也。○雲峯胡氏曰。道即前五者天下之達道。立是吾身於此五者各盡其道。而民皆於吾身取則也。章句以為即是皇建其有極。皇極建而九疇叙。君道立而九經行。其旨一也。尊賢尤與脩身相關。脩身則道成於己。尊賢則見道分明而無疑。章句曰此九經之效也。道立是脩身之效。以下皆道立之效

齊明盛服。非禮不動。所以脩身也。去讒遠色。賤貨而貴德。所以勸賢也。尊其位。重其祿。同其好惡。所以勸親親也。官盛任使。所以勸大臣也。忠信重祿。所以勸士也。時使薄斂。所以勸百姓也。日省月試。既稟稱事。所以勸百工也。送往迎來。嘉善而矜不能。所以柔遠人也。繼絕世。舉廢國。治亂持危。朝聘以時。厚往而薄來。所以懷諸侯也。齊側皆反去上聲遠好惡

餼並去聲既許氣反省悉井反稟彼錦力錦二反稱去聲朝音潮

此言九經之事也。北溪陳氏曰。九經之事是做工夫處。齊齊其思慮。明明潔其心。齊明以一其內盛服以肅其外。內外交相養也。齊明盛服是靜而未應接之時。以禮而動是動而已應接之時。動靜交相養也。如此所以脩身。○雲峯胡氏曰。齊明盛服。靜而敬也。即首章戒懼存養之事。非禮不動。動而敬也。即首章慎獨省察之事。官盛任使。謂官屬衆盛足任使令平聲也。蓋大臣不當親細事。故所以優之者如此。忠信重祿。謂待之誠而養之厚。蓋以身體之而知其所賴乎上者如此也。既讀曰餼。餼稟。稍去聲食也。周禮天官。宮正幾其出入。均其稍食。○內宰掌書版圖之法。以治王內之政令。均其稍食。分其人民以居之。稍食。吏祿稟也。稍者。出物有漸之謂。○朱子曰。餼。牲餼也。如今官員請受有生羊肉。稟。即稟給折送錢之類是也。稱事如周禮稾古老反人職曰考其弓弩以上下其食是也。夏官槀人掌受財于職金以齎音咨其工。弓六物為三等。弩四物亦如之。矢八物皆三等。箙亦如之。箙。盛矢器䑡素秋䑡成。書其等以饗工。乘其事試音考其弓弩。以上下其食而誅賞。乃入工于司弓矢及繕人。槀讀為芻槀之槀。箭幹謂之槀○新安陳氏曰。食必與事稱有功不可負。無功不可濫往則為去聲之授節以送之。朱子曰。遠人來。至去時有節以授之。過所在為照。如漢之出入關者用繻。唐謂之給過所是也來則豐其委去聲積子賜反以迎之。新安陳氏曰。委積。蓄聚也。周禮遺人掌牢禮委積。註云。委積。謂牢米薪芻給賓客。又司徒註。少曰委。多曰積朝。謂諸侯見形甸反於天子。聘。謂諸侯使大夫來獻。王制比毗至反年一小聘。三年一大聘。五年一朝。比年。每年也厚往薄來。謂燕賜厚而納貢薄

凡為天下國家有九經。所以行之者一也

一者誠也。一有不誠，則是九者皆爲虛文矣。此九經之實也。三山潘氏曰：三德行之者一，所以實其德；九經行之者一，所以實其事。○雲峯胡氏曰：脩身不實，則欲得以間理；尊賢不實，則邪得以間正；親親不實，則踈得以間親。推之莫不皆然。○新安陳氏曰：中庸一書，誠爲樞紐。論誠雖至誠者天之道處而始詳，而誠之名已見於鬼神章誠之不可揜之一言。誠之意已兩見於三德、九經行之者一之二言矣。誠之不可揜，以實理言；行之者一，皆以實心言也。

凡事豫則立，不豫則廢。言前定則不跲，事前定則不困，行前定則不疚，道前定則不窮。跲，其劫反。行，去聲。

凡事，指達道、達德、九經之屬。豫，素定也。跲，躓音致也。疚，病也。此承上文，言凡事皆欲先立乎誠，如下文所推是也。朱子曰：言前定，向向著實，不脫空也。纔一語不實，便說不去。事前定則不困，間時不曾做得，臨時自是做不徹。

便至於困行前定則不疚其所行不前定臨時便易得屈折枉道以從人矣道前定則不窮此一句又連那上三句都包在裏面是有箇妙用千變萬化而不窮之謂事到面前都理會得○陳氏曰上凡事一句乃包達道達德九經而言下事前定一句乃指其事而言之○項氏曰言誠而必言豫者教人素學之也知之素明行之素熟而後取之則不窮矣○雲峯胡氏曰上文言達道達德九經之所以行此則總言凡事之所以立蓋曰是誠也非一朝一夕之故戒懼慎獨養之者有素矣如此則先立乎誠而後事可立可立則可行矣章句以先立二字釋前定正與上二行字相應○新安陳氏曰四前定字所以申明上豫字也非以豫與前定為誠乃是所當豫所當前定者謂先立乎誠也

在下位不獲乎上民不可得而治矣獲乎上有道不信乎朋友不獲乎上矣信乎朋友有道不順乎親不信乎朋友矣順乎親有道反諸身不誠不順乎親矣誠身有道不明

乎善不誠乎身矣

此又以在下位者推言素定之意。反諸身不誠，謂反求諸身而所存所發未能眞實而無妄也。朱子曰。反諸身是反求於心。不誠是不曾實有此心。如事親孝。須實有這孝之心。若外面假爲孝之事。裏面却無孝之心。便是不誠矣。○新安陳氏曰。所存所發指心而言。所存。靜而涵養時也。所發。動而應接時也。不明乎善，謂不能察於人心天命之本然。此又推本從天命謂性之源頭處來。而眞知至善之所在也。問凡事豫則立。言與事行與道。皆欲先定於其初。則不跲不困不疚不窮。斯有必然之驗。故自不獲乎上。不信乎朋友。不順乎親而推之。皆始於不誠乎身而已。然則先立乎誠。爲此章之要旨。而不明乎善。則不可以誠乎身矣。今欲進乎明善之功。要必格物以窮其理。致知以處其義。夫然後眞知善之爲可好而好之。則如好好色。眞知惡之爲可惡而惡之。則如惡惡臭。明善如此。夫安得而不誠哉。以是觀之。則中庸所謂明善。即大學致知之事。中庸之所謂誠身。即大學誠意之功。要其指歸。其理則一而已。朱子曰。得之。○陳氏曰。此一節又推明誠不可不前定之意。須自誠身明善始。緊要在於明善。善者天命率性之本然。須是格物致知眞知至善之所在。否則好善不能如好好色。惡惡不能如惡惡臭。雖欲誠身而身不可得而誠矣。故必明善乃能誠身。至於事親信友。獲上治民。無所往而不通。而達道達德九經凡事亦以一貫之而無遺矣。○雙峯饒氏曰。前言思脩身不可以不事親。此曰身不誠不順乎親。以入德之本言。則脩身必先事親。以成德之效言則身誠然後親順。○雲峯胡氏曰。此以在下位者言。見得上文九經是在上位者。中庸之道。通上下皆當行也。故上言尊賢。此則言信乎朋友。上言親親。此則言順親。上言脩身。此則言誠身。其道一也。勉齋云。此一章當一部大學。誠身是包大學誠意正心脩身而言。心是所存意是所發。故章句釋誠身必兼所存所發言之。上文曰知天。而此曰明善。善即天命之性。天命無有不善。學者當知夫至善之所在。是即大學所謂格物致知也。天不可不知。善不可不明。又見三德必以知爲先也

誠者天之道也誠之者人之道也誠者不勉而中不思而得從容中道聖人也誠之者擇善而固執之者也中並去聲從七容反

此承上文誠身而言誠者真實無妄之謂天理之本然也誠之者未能真實無妄而欲其真實無妄之謂人事之當然也聖人之德渾上聲然天理真實無妄不待思勉而從容中道則亦天之道也未至於聖則不能無人欲之私而其爲德不能皆實故未能不思而得則必擇善然後可以明善問明善擇善何者爲先朱子曰譬如十箇物事五箇善五箇惡須揀此是善此是惡方分明○東陽許氏曰擇善然後可以明善擇者謂致察事物之理明者謂洞明吾心之理合外內而言之擇善是格物明善是知至未能不勉而中則必固執而後可以誠

身。此則所謂人之道也。三山陳氏曰。善不擇則有誤認人欲爲天理者矣。執不固則天理有時奪於人欲矣。不思而得。生知也。不勉而中。安行也。擇善學知以下之事。固執利行以下之事也。章句兩以下字該困知勉行在其中。○朱子曰。誠者天之道。誠是實理自然不假脩爲者也。誠之者人之道。是實其實理。則是勉而爲之者也。孟子言萬物皆備於我。便是誠。反身而誠。便是誠之。反身只是反求諸己。誠只是萬物具足無所虧欠。○問在天固有眞實之理。在人當有眞實之功。聖人不思不勉而從容中道。無非實理之流行。則聖人與天爲一。即天之道也。未至於聖人。必擇善而後能明是善。必固執然後能實是善。此人事當然。即人之道也。曰善。○北溪陳氏曰。天道人道有數樣分別。且以上天言之。維天之命。於穆不已。自元亨而利貞。貞而復元。萬古循環。無一息之間。凡天下之物洪纖高下。飛潛動植。青黃白黑。萬古皆常然不易。又如日往月來。寒往暑來。萬古皆然。無一息之差繆。此皆理之眞實處。乃天道之本然也。以人道相對誠之。乃人分上事。若就人論之。則天道流行賦予於人而人受之以爲性此天命之本然者便是誠故五峯謂誠者命之道蓋人得天命之本然無非實理如孩提知愛及長知敬皆不思而得不學而能即在人之天道也其做工夫處則盡己之忠以實之信凡求以盡其誠實乃人道也又就聖賢論之聖人生知安行純是天理徹內外本末皆眞實無一毫之妄不待勉而自中不待思而自得如人行路須照管方行得路中否則蹉向一邊去聖人如不看路自然路中行所謂從容中道此天道也自大賢以下氣禀不能純乎清明道理未能渾然眞實無妄故知有不實須做擇善工夫行有不實須做固執工夫擇善是辨析衆理而求其所謂善致知之功也固執是所守之堅而不爲物所移力行之功也須是二者並進乃能至於眞實無妄此人道也○雙峯饒氏曰不勉而中安行之仁也不思而得生知之知也從容中道自然之勇也或疑從容非勇曰今有百鈞於此一人談笑而舉之力有餘也一人竭蹷而不能舉力不足也然則聖人之於道也衆皆勉强而己獨從容非天下之大勇而何擇善近知固執近仁而勇在其中論誠者則先仁而後知以成德之序言也論誠之者則先知而後仁以入德之序言也○雲峯胡氏曰自此以前十六章

言誠之不可揜。是以天道言誠。上文誠身是以人道言誠。所以於此總兩者言之曰誠者天之道。誠之者人之道也。不勉而中者。安行之仁。不思而得者。生知之知。從容中道者。自然之勇。此以上皆言知仁勇學者入德之事。此以下兼言仁知勇聖人成德之事。論語曰。知者不惑。仁者不憂。勇者不懼。學之序也。此以上見之。又曰。仁者不憂。知者不惑。勇者不懼。德之序也。此以下見之。下章盡性仁也。前知知也。無息勇也。博厚仁也。高明知也。悠久勇也。如地之持載仁也。如天之覆幬知也。如日月之代明。四時之錯行勇也。往往皆言仁知勇而於此始焉。至論學知利行之事。擇善為知。固執為仁。又依舊先知而後仁。其所以開示學者至矣

博學之。審問之。慎思之。明辨之。篤行之

此誠之之目也。學問思辨。所以擇善而為知。去聲學而知如字也。篤行。所以固執而為仁。利而行也。程子曰。五者廢其一。非學也朱子曰。五者無先後。有緩急。不可謂博學時未暇審問。審問時未暇謹思。謹思時未

暇明辨。明辨時未暇篤行。五者從頭做將去初無先後也○陳氏曰。擇善有博學審問慎思明辨工夫。儘用功多。固執。只有篤行一件工夫。是擇善處真能知之。則行處功自易也○雙峯饒氏曰。學必博。然後有以聚天下之見聞而周知事物之理。問必審。然後有以訂其所學之疑。思必謹。然後有以精研其學問之所得而自得於心。辨必明。然後有以別其公私義利是非真妄於毫釐疑似之間而不至於差繆。擇善至此。擇之可謂精矣。如是而加以篤行。則日用之間由念慮之微以達於事爲之著。必能去利而就義。取是而舍非。不使一毫人欲之私得以奪乎天理之正。而凡學問思辨之所得者。皆有以踐其實矣。所執如此。其固爲何如。此學知利行以求至於誠者之事也○項氏曰。學而又問。則取於人者詳。思而又辨。則求於心者精。如是而後可以行矣

有弗學。學之弗能弗措也。有弗問。問之弗知弗措也。有弗思。思之弗得弗措也。有弗辨。辨之弗明弗措也。有弗行。行之弗篤弗措也。人一能之。己百之。人十能之。己千之

君子之學不爲則已爲則必要其成故常百倍其功此困而知勉而行者也勇之事也朱子曰。此一段是應上面博學之五句反說起。如云不學則已。學之弗能而定不休。如云有不戰戰必勝矣之類也○陳氏曰。學問思辨智之事。篤行仁之事。弗措勇之事○雙峯饒氏曰。達道有五。知此者曰知。行此者曰仁。勉於此者曰勇。實知實行而實勉者曰誠。博學審問愼思明辨以擇乎善。所以求實知也。篤行以固執之。所以求實行也。五弗措所以求實勉之也。知之實行之實勉之實。則達德之實體立。而達道之實用行矣

果能此道矣雖愚必明雖柔必强

明者擇善之功强者固執之效朱子曰。雖愚必明。是致知之效。雖柔必强。是力行之效○新安陳氏曰。自人一能之以下。乃子思子喫緊爲氣質昏弱者言。果能此道一句。尤警策。只恐不能百倍其功耳。若眞能於此五者下百倍於人之功。則學力之至到。决可變化氣質之昏弱矣。子思子豈欺我哉

呂氏曰君子所以學者爲去聲能變化氣質而已德勝氣質則愚者可進於明柔者可進於强不能勝之則雖有志於學亦愚不能明柔不能立而已矣蓋均善而無惡者性也人所同也昏明强弱之禀不齊者才也人所異也誠之者所以反其同而變其異也夫音扶以不美之質求變而美非百倍其功不足以致之今以鹵音魯莽莫古莫後二反滅裂之學莊子則陽篇君爲政焉勿鹵莽治民焉勿滅裂昔予爲禾耕而鹵莽之則其實亦鹵莽而報予芸而滅裂之其實亦滅裂而報予鹵莽不用心也滅裂輕薄也或作或輟以變其不美之質及不能變則曰天質不美非學所能變是果於自棄其爲不仁甚矣新安陳氏曰成己仁也進學不勇卒也不能成己是自棄其身

於不肖之歸。非不仁而何。○朱子曰。某年十五六時。見呂與叔解得此段痛快。讀之未嘗不竦然警厲奮發。人若有向學之志。須是如此做工夫方得。○雲峯胡氏曰。前曰鮮能。曰不可能。此能百倍其功。則果能此道矣。雖愚必明。亦可謂知矣。充之而義精可也。雖柔必强。亦可謂仁矣。充之而仁熟可也。以此見得中庸非不可能。能之者在乎人。人之所以能之者在乎勇

右第二十章　此引孔子之言以繼大舜文武周公之緒。明其所傳之一致。舉而措之亦猶是爾。陳氏曰。此說孔子能盡中庸之道。子思引此以明道統之傳也。○雲峯胡氏曰。上章所述文武周公。皆是舉而措之事。此引孔子之言。謂所傳一致。使得舉而措之。則亦猶是耳。至第三十章曰仲尼祖述堯舜。憲章文武。則愈可見其所傳之一致焉。○新安陳氏曰。論語堯曰篇歷叙堯舜禹湯武王之事。而以孔子荅子張問政繼之。子思此章。正此意也　蓋包費隱。兼小大。以終

十二章之意。或問章句第十六章兼費隱包大小而言至此則曰包費隱兼小大何也雲峯胡氏曰。十六章則兼費隱而言。不言小大而包小大於其中。此章則兼小大而言。不言費隱而包費隱在其中。兼字包字各有攸當也章內語誠始詳。而所謂誠者實此篇之樞紐女九反也。如戶之有樞。如衣之有紐。○黃氏曰。中庸著一誠字鎖盡○格菴趙氏曰。中庸一篇無非說誠。自篇首至十六章始露出誠字。然專說鬼神。是以天道言。至此章說許多事。末乃說誠身工夫。乃是人道。自此以下數章。分說天道人道。極爲詳悉又按孔子家語亦載此章。而其文尤詳。成功一也之下。有公曰。子之言美矣至矣。寡人實固不足以成之也。故其下復以子曰起答辭。今無此問辭而猶有子曰二字。蓋子思刪其繁文以附于篇。而所刪有不盡者今當爲衍文也博學之以下家語無之意彼有闕文抑此或子思所補也歟家語哀公問政於孔子孔子對曰文武之政云云其人亡則其政息天道敏生人道敏政地道敏樹夫政也者猶蒲盧也待化以成故爲政在於得人取人以身脩身以道脩道以仁云云親親之殺尊賢之等禮所以生也禮者政之本也是以君子不可以不脩身云云及其成功之一也公曰子之言美矣至矣寡人實固不足以成之也孔子曰好學近乎知云云知所以治人則能成天下國家者矣公曰政其盡此而已乎孔子曰凡爲天下國家有九經云云懷諸侯則天下畏之公曰爲之柰何孔子曰齊明盛服云云爵其能重其祿同其好惡所以篤親親也云云從容中道聖人之所以定體也誠之者擇善而固執之者也公曰子之教寡人備矣敢問行之所始孔子曰立愛自親始教民睦也立敬自長始教民順也教之慈睦而民貴有親教以敬而民貴用命民既孝於親又順以聽命措諸天下無所不可公曰寡人既聞此

言也。懼不能畢行而獲罪咎。○朱子曰：前輩多是逐段解去。某初讀時只覺首段合與次段首意相接。如云政也者蒲盧也，故爲政在人，取人以身，脩身以道，脩道以仁。便說仁者人也，親親爲大，義者宜也，尊賢爲大，都接統說去。又思脩身段後便繼以天下之達道五，知此三者段後便繼以爲天下國家有九經，亦似相接續。自此推去，疑只是一章。後讀家語方知是孔子一時間所說，乃是本來一段也

自誠明謂之性。自明誠謂之教。誠則明矣，明則誠矣。

自由也。德無不實而明無不照者，聖人之德所性而有者也。如孟子謂堯舜性之之性。天道也。先明乎善而後能實其善者，賢人之學由教而入者也。人道也。朱子曰：此性字是性之也。此教字是學知也。與首章天命謂性、脩道謂教二字義不同。○葉氏曰：聖人全體無一不實而明曆所照無一不盡。此自誠而

明也學者先明乎善無不精察故踐履之際始無不實此自明而誠也謂之性者全於天之賦予謂之教者成於己之學習○雙峯饒氏曰自誠明謂之性指誠者而言自明誠謂之教指誠之者而言誠則無不明矣明則可以至於誠矣朱子曰自誠明謂之性誠實然之理此堯舜以上事學者則自明誠謂之教明此性而求實然之理○以誠而論明則誠明合而爲一以明而論誠則誠明分而爲二○陳氏曰下二句結上意可以至於誠可以是做工夫處○三山陳氏曰自誠明者由其內全所得之實理以照事物知天開日明自然無蔽此性之所以名天之道也自明誠者由窮理致知去其私欲以復全其所得之實理必由學而能此教之所以立人之道也自誠明者即明也非曰誠而後至於明自明誠者尚須由明而後誠至於誠雖然及其成功一也○勿軒熊氏曰首章言性道教道之一字前章備言此但言性與教誠明謂之性生知安行之事先仁而後知明誠謂之教學知利行之事先知而後仁○雲峯胡氏曰此性即天命之性但天命之性人物所同此則性之者也聖人所獨此教即脩道之教但教是聖人事此則由教而入學者事也

右第二十一章。子思承上章夫子天道人道之意而立言也。朱子曰。中庸言天道處。皆自然無節次。言人道處。皆有下工夫節次○陳氏曰。此章兼天道人道而言自此以下十二章。皆子思之言。以反覆推明此章之意雙峯饒氏曰。此章大意是繳上章言誠者天之道。誠之者人之道一向分兩路說去。則天人爲二也。到此章方合說誠則明矣。明則誠矣。指人道可至於天道。合天人而一之也。下章至誠盡性章。言天道。致曲章言人道。而末合之曰唯天下至誠爲能化。此下又分別天道人道

唯天下至誠。爲能盡其性。能盡其性。則能盡人之性。能盡人之性。則能盡物之性。能盡物之性。則可以贊天地之化育。可以贊天地之化育。則可以與天地參矣

天下至誠。謂聖人之德之實。天下莫能加也。朱子曰。至誠之至。乃極至之至。如至道至德之比。○葉氏曰。至誠者。蓋聖人之全德無一之不實。極其至之謂。舉天下無以加。亘古今莫能及者也。盡其性者。德無不實。故無人欲之私。而天命之在我者。察之由之。巨細精粗。無毫髮之不盡也。新安陳氏曰。章句以推本天命謂性一句而言。天命之在我者。即天理之賦予於我而爲性者是也。察之。謂生知。由之。謂安行。乃借孟子所謂舜察於人倫由仁義行之察由二字用之。謂知之與行之皆無不盡也人物之性。亦我之性。但以所賦形氣不同而有異耳。能盡之者。謂知之無不明而處上聲之無不當去聲也。贊。猶助也。與天地參。謂與天地並立而爲三也。此自誠而明者之事也。問盡性。即孟子盡心否。朱子曰。盡心。是就知上說。盡性。是就行上說。能盡得眞實本然之全體。是盡性。能盡得虛靈知覺之妙用。是盡心。盡性盡心之盡。不是做工夫之謂。
蓋言上面工夫已至。至此方盡得耳。○盡己之性。如在
君臣則義。在父子則親之類。盡人之性。如黎民於變時
雍。盡物之性。如鳥獸魚鱉咸若。○性只一般。人物氣稟
不同。人雖稟得氣濁。本善之性終在。有可開通之理。是
以聖人有教化去開通他。使復其善。物稟氣偏。無道理
使開通。只是處之各當其理。且隨他所明處使之。他所
明處亦只是這箇善。聖人便用他善底。如馬悍者用鞭
策。方乘得。此亦教化。是隨他天理流行發見處使之也
○贊天地之化育。人在天地間雖只是一理。然天人所
爲各自有分。人做得底。却有天做不得底。如天能生物
而耕必用人。水能潤物而灌必用人。火能熯物而爨必
用人。財成輔相皆人。非贊而何。○陳氏曰。此乃有德有
位之聖人之事。惟堯舜足以當之。○雙峯饒氏曰。此與
首章一般。至誠盡性。便是致中和。贊化育。便是天地位
萬物育。○問盡己之性。可以兼知行言。盡人物之性。恐
只是主知而言。且如人物之性。我如何行得他底。曰盡
其性者。是知之行之無不盡之云也。盡人物之性者。知
之無不明。處之無不當之云也。如新民止於至善相似。
不是民之自新止於至善。乃是新之止於至善。問如何

盡人之性。曰。如教以人倫。使之父子有親。君臣有義之類皆是。問如何盡物之性。曰。如仲冬斬陽木。仲夏斬陰木。獺祭魚。然後漁人入澤梁。豺祭獸。然後田獵之類皆是也。○雲峯胡氏曰。天命之性本眞實而無妄。故聖人之心眞實無妄之至。始於本然之性爲能盡耳。非有所加也。盡兼知行而言。察之無不盡。故於人物之性知之無不明。由之無不盡。故於人物處之無不當。人物之性亦我之性。聖人之盡之。亦非有加也。天地能賦人物以性。不能使人物各盡其性。聖人能盡之。則可以贊天地之化育。而可以與天地參而爲三矣。○東陽許氏曰。兩章性字不同。前如孟子性之之性。是帶用說。此乃指性之體而言

右第二十二章　言天道也　或疑此章以後言天道人道間見迭出。潛室陳氏曰。道理縱橫說之無盡。如何立定樣範。只合逐章體認。纔不費力處便是天道。著力處便是人道

其次致曲。曲能有誠。誠則形。形則著。著則明。明則動。動則

變變則化唯天下至誠爲能化

其次通大賢以下凡誠有未至者而言也致推致也曲一偏也形者積中而發外形見著則又加顯矣明則又有光輝發越之盛也動者誠能動物變者物從而變化則有不知其所以然者朱子曰動是方感動他變則已改其舊俗然尚有痕迹在化則都消化了無復痕迹矣○孟子明則動矣未變也顏子動則變矣未化也○北溪陳氏曰自形著至變化以致曲之效言○新安陳氏曰形著明相似而有漸皆誠之全體呈露於大用者也形著明是一類動變化是一類明者形著之盛化者動變之妙蓋人之性無不同而氣則有異故惟聖人能舉其性之全體而盡之其次則必自其善端發見形甸反之偏而悉推致之以各造七到反其極也新安陳氏曰當看悉字各

字。悉是一一推致。各是各要造極

曲無不致，則德無不實。新安陳氏曰。解曲能有誠一句。承致曲而言。曲無往而不致。則德無往而不實。偏曲者皆貫通乎全體矣**而形著動變之功自不能已。積而至於能化。則其至誠之妙亦不異於聖人矣**程子曰。其次致曲者。學而後知之也。而其成也與生而知之者不異焉。故君子莫大於學。莫害於畫。莫病於自足。莫罪於自棄。學而不止。此湯武所以聖也。○朱子曰。至誠盡性。則全體著見。次於此者。未免爲氣質所隔。只如人氣質溫厚。其發見多是仁。氣質剛毅。其發見多是義。隨其善端發見。便就上推致以造其極。非是止就其發見一處推致之也。如充無欲害人之心而仁不可勝用。充無穿窬之心而義不可勝用。此正是致曲處。如從惻隱處發。便就此發見處推致其極。從羞惡處發亦然。孟子謂擴充其四端是也。雲峯胡氏曰。曰端。則於其發之初即推之。曰曲。則於其發之偏悉推之也。○曲不是全體。只是一偏之善。就一偏之善能一一推之以致乎其極。則能貫通乎全體矣。○問曲能有誠若屬上句。則曲是能有誠。若屬下句。則曲若能有誠。二意不知孰爲穩當曰曲也是能有誠但不若屬下句意○問顏曾以下皆是致曲曰顏子體段已具曾子却是致曲一一推之至答一貫之時則渾全矣○王氏曰孟子曰至誠未有不動者不誠未有能動者也蓋發明子思意也動則變使之改不善而從善也變則化使之遷善遠罪而不知爲之者也變則改易之迹顯化則陶染之功深能化雖與至誠相似然至誠之化無待乎明而動動而變變而後化也故立之斯立道之斯行綏之斯來動之斯和唯夫子能之○新安陳氏曰唯天下至誠與上章五字同然上章是聖人之至誠此章是大賢致曲有誠之極亦同乎聖人之至誠所謂及其成功一也故亦與聖人並稱至誠歟○東陽許氏曰此章重明自明而誠之意誠以下皆言效驗形著明就己上說動變化就物上說

右第二十三章　言人道也

至誠之道可以前知國家將興必有禎祥國家將亡必有妖孽見乎蓍龜動乎四體禍福將至善必先知之不善必

先知之故至誠如神見音現

禎祥者福之兆妖孽者禍之萌。妖亦作祅。孽魚列反。說文作蠥。云衣服歌謠草木之怪謂之妖。禽獸蟲蝗之怪謂之蠥。○兆朕。萌芽。皆幾之先見者蓍所以筮。龜所以卜。

四體謂動作威儀之間。如執玉高卑其容俯仰之類。左傳定公十四年。邾隱公来朝。邾子執玉高。其容仰。公受玉卑。其容俯。子貢曰。以禮觀之。二君皆有死亡焉。是年定公薨。哀公七年。魯伐邾。以邾子益来凡此皆理之先見見形甸反者也。然唯誠之至極而無一毫私僞留於心目之間者。乃能有以察其幾幾平聲焉。神謂鬼神。興國本無此四字。○問至誠之道可以前知。朱子曰。在我無一毫私僞。故常虛明。自能見得。如禎祥妖孽與蓍龜所告。四體所動。皆是此理已形見。但人不能見耳。聖人至誠無私僞。所以自能見得。且如蓍龜所告之吉凶甚明。但非至誠人却不能見也。○格菴趙氏曰。惟誠之至者。無一毫之不實則萬物兆眹無不形見否則已然之事則不覺悟尚何能察其幾哉○雙峯饒氏曰聖人清明在躬無一毫嗜欲之蔽故志氣如神便與明鏡相似纔有些影來便知衆人如昏鏡所以無所知○雲峯胡氏曰禎祥者與之幾妖孼者亡之幾蓍龜四體莫非善不善之幾知幾其神至誠者能之即周子通書所謂無慾故靜虛靜虛則明明則通亦即所謂誠精故明神應故妙幾微故幽誠神幾曰聖人但通書所謂神以妙用謂之神此所謂神以功用謂之鬼神言誠自第十六章始彼言誠者鬼神之所以爲鬼神此則言聖人之至誠聖人之所以如鬼神也此章與第十六章文不相屬而意實相承云○新安陳氏曰至誠之道可先事之未然而知其幾蓋亦誠之明處誠無不極而明無不照也祥孼皆是幾或見蓍龜或動四體善不善必先知之至誠之人先知之也能知幾如神明蓋以理知之非如術數揣測之知也○東陽許氏曰至誠前知亦必於動處見所謂幾者動之微吉凶之先見者也聖人知来者如此非有異也故爲中庸

右第二十四章　言天道也

誠者自成也。而道自道也。道也之道音導

言誠者物之所以自成。而道者人之所當自行也。誠以心言。本也。道以理言。用也。朱子曰。誠者是箇自然成就道理。不是人去做作安排底物事。道。却是箇無情底道理。却須是人自去行始得。○誠者自成也。是孤立懸空說這一句。蓋有是實理則有是天。有是實理則有是地。凡物都是如此。故曰誠者自成。蓋本來自成此物。到得道自道。便是有這道在這裏。人若不自去行。便也空了。問既說物之所以自成。下文又云誠以心言。莫是心者物之所存主處否。曰。誠以心言。是就一物上說。凡物必有是心。有是心然後有是事。○誠者自成。如這箇草樹所以有許多根株枝葉條幹。皆是自實有底。如人便自有耳目鼻口手足百骸。都是你自實有底。道雖是自然底道理。然却須是你自去做始得。○雲峯胡氏曰。此誠字即是天命之性。是物之所以自成。此道字是率性之道。是人之所當自行。物之所以自成。是全一不假人爲。人之所當自行。爲之全在乎人。誠以心言本也。道以理言用也。專爲人之所當自行者而言所以朱子曰誠者自成且是懸空說此一句蓋凡天下之物有此實理方成此物若人之所當自行者無此實心如何能實此理故章句提起心之一字言之饒氏疑誠者自成不必添入一物字誠即道也似不必分本與用殊不知程子曰誠者物之終始猶俗語徹頭徹尾不誠更有甚物也饒氏之病正坐於便以誠爲己所自成而欠一物字愚謂誠有以實理言者有以實心言者以實理言誠即道也似不必分本與用以實心言必實有是心然後能實有是理況誠者物之所以自成本下文誠者物之終始泛指物之所以自成言也誠以心言本下文不誠無物君子誠之爲貴專指人之有以自成者言也泛指在物者則以物之所以自成者爲本而以人之所當自行者爲用亦可專指在人者如下文章句所謂人之心能無不實乃爲有以自成而道之在我者亦無不行矣若是則以心之誠爲本而道之行爲用又何疑之有

誠者物之終始不誠無物是故君子誠之爲貴

天下之物皆實理之所爲故必得是理然後有是物所

得之理既盡。（澌盡）則是物亦盡而無有矣。（兩盡字是釋終始之終字）故人之心一有不實，則雖有所爲亦如無有，而君子必以誠爲貴也。蓋人之心能無不實，乃爲有以自成，而道之在我者亦無不行矣。（朱子曰：有是理則有是物，徹頭徹尾皆實理之所爲。未有無此理而有此物也。大意若曰：實理爲物之終始，無是理則無是物，故君子必當實乎此理也。○誠者物之終始，凡有一物則其成也必有所始，其壞也必有所終。而其所以始者，實理之至而向於有也；其所以終者，實理之盡而向於無也。若無是理，則亦無是物矣。此誠所以爲物之終始，而人心不誠，則雖有所爲，皆如無有也。○誠則有物，不誠則無物。且如而今對人說話，若句句說實，皆自心中流出，這便是有物。若是脫空誑誕，不說實話，雖有兩人相對說話，如無物也。又曰：且如草木自萌芽發生以至枯死朽腐歸土，皆是有此實理方有此物。若無此理，安得有此物。○不誠無物，以在人者言之，謂無是誠則無是物。如視不明則不能見是物，聽不聰則不能聞是物。謂之無物亦可。又曰。孝而不誠於孝則無孝弟而不誠於弟則無弟。推此類求之可見○問誠者物之終始。不誠無物。此二句是泛說。君子誠之爲貴。却說從人上去。先生於不誠無物亦以人言何也。曰。誠者物之終始固泛說。若不誠無物。這不字是誰不他。須有箇人不他方得○誠者物之終始是解誠者自成一句。不誠無物。已是說自道句了。蓋人則有不誠。理無不誠者。恁地看覺得前後文意相應○北溪陳氏曰。誠者物之終始此誠字以實理言。不誠無物。誠之爲貴此二誠字以實心言。蓋有是理而後有是物。以造化言之。天地間萬物生成。自古及今無一物不實。皆是實理所爲。大而觀之自太始至無窮莫不皆然。就一物觀之亦然。以一株花論春氣流注到則生花。春氣盡則花亦盡。就一花蘂論。氣實行到此則花開。氣實消則花謝。凡物之終始皆是一箇實理如此。不誠無物。是就人心論。凡人做事自首徹尾纔是一箇真實心。方有此事。若實心間斷。雖做此事如不做一般。如祭義云。其立之也敬以詘。至已徹而退敬齊之色不絕於面。此是祭之終始。皆一真實之心。則祭之爲物方成一箇物。而非虛設。若季氏祭終而跛倚以臨祭。則是不誠。與不祭何異

誠者非自成己而已也所以成物也成己仁也成物知也性之德也合内外之道也故時措之宜也知去聲

誠雖所以成己然既有以自成則自然及物而道亦行於彼矣仁者體之存知者用之發是皆吾性之固有而無内外之殊既得於己則見形甸反於事者以時措之而皆得其宜也朱子曰誠雖所以成己然在我者真實無僞自能及物自成己言之盡己而無一毫之私僞故曰仁自成物言之因物成就各得其當故曰知○問成己合言知而言仁成物合言仁而言知何也曰克己復禮爲仁豈不是成己知周乎萬物豈不是成物○成己成物之道無不備故能合内外之道而得時措之宜蓋融徹洞達一以貫之而然也○問時措之宜是顔子閉户禹稷纓冠之義否曰亦有此意須知仁具内外合然後有箇時措之宜○雙峯饒氏曰成己成物己與物雖有内外之殊而仁知之德則具於己性分之

內。乃合內外而爲一底道理。○起頭說誠自成其下說成物說道自道。其下說合內外之道見得誠不但成己道不但自道又能成物而合內外之道也。○知居仁先者以好學言入德之知也。知居仁後者以成物言成德之知也。○雲峯胡氏曰。子貢曰學不厭知也敎不倦仁也與此言仁知若異。朱子以子貢之言主於知子思之言主於行故各就其所重而有賓主之分。蓋知主知仁主行。學與敎皆以知言故先知後仁。知爲體仁爲用成己成物皆以行言故先仁後知。仁爲體知爲用二者互爲體用愈見其性中之所有而無內外之殊者矣時措之爲字即時中之時。性之德是未發之中。時措之宜是發而合乎時中之中。○譚氏曰誠之體爲仁誠之用爲知誠之實理可據曰德誠之實理可由曰道。○顧氏曰外成物也內成己也。分言之則曰成己仁也成物知也合言之則曰性之德也合內外之道也。合者兼總之意。○新安陳氏曰深繹此章誠本自成己也誠之爲道本自道於己也此爲己之學也天命之性具此實理誠者此理之實也實有諸己故曰自成率性之道躬自行之道者行此者也。躬行於己故曰自道言皆自己分內事也誠者物之根榦是乃事物之徹始徹終而無間斷者也不誠則心一虛僞有物如無物矣是以君子必鑒此而以誠之爲貴此誠之字如前章誠之者之誠之誠之正君子事也誠固曰自成然非徒自成己而已也既自成己則必成物性者萬物之一原非有我之得私也立必俱立成不獨成成己所以爲仁而躰以立成物所以爲知而用以行成己而不成物是有躰而無用矣仁知乃天命之性中固有之德也成己之仁存於内而道自行於己成物之知發於外而道亦行於彼固無内外之殊所以合内外而同一道也誠亦成物豈徒自成而已道亦合内與外豈徒自道而已既能由躰達用由内合外則見於隨時以舉而措之者豈不皆得其宜也哉由成己之仁發爲成物之知則知固自仁中出又能合乎時措之宜則義又從是而生而義亦自仁中出矣

仁也知也義也一以貫之皆實理之條目也

右第二十五章　言人道也

故至誠無息

既無虛假自無間去聲斷徒玩反後凡言間斷音同○陳氏曰凡假僞底物久則易間斷

眞實自無間斷。○問，至誠無息，説天地得否。雙峯饒氏曰，人之誠有至有不至。聖人誠之至。故可説至誠。天地只是誠。無至不至。○雲峯胡氏曰，首句上便有故字。承上章而言也。言誠自第十六章始。二十章至二十五章言誠莫詳焉。此章特因上章言至誠之功用。於是以故字先之。○新安陳氏曰，自至誠無息至博厚則高明。言聖人之道。○東陽許氏曰，至誠無息。惟至誠所以無息。有慮假則間斷矣。惟無息。乃見誠之至。有息則非至誠矣。

不息則久，久則徵，

久，常於中也。徵，知盈反。驗於外也。朱子曰，久然後有徵驗。只一日二日工夫。如何有徵驗。○問，至誠無息，不息則久。果有分別否。曰，不息只如言無息。○北溪陳氏曰，道理眞積力久。充實於內。自然著見於外。如見面盎背之類。是徵驗處。

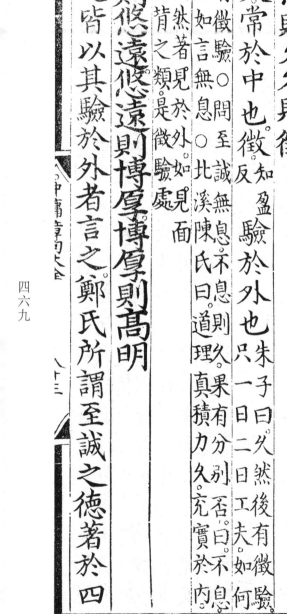

徵則悠遠，悠遠則博厚，博厚則高明。

此皆以其驗於外者言之。鄭氏所謂至誠之德著於四

方者是也。朱子曰。此是言聖人功業著見。諸家多作進德節次說。只一箇至誠已該了。豈復有許多

節次。不須說入裏面來。古註不可易。存諸中者既久。接上文久則徵說來。則驗於外

者益悠遠而無窮矣。朱子曰。久是就他骨子裏說鎮常如此之意。悠遠是自今觀後見其

無終窮之意。又曰。悠是據始以要終。久是隨處而常在。○蛟峯方氏曰。悠是其勢寬緩而不促迫。遠是長遠大。

率功效氣象之促迫者便不長遠。如三代之治氣象寬緩。五霸之治氣象促迫。故三代之治長。五霸之治短。如

地勢悠緩則其勢遠。斗峻則其勢絕。皆是惟悠故遠之義。悠遠。故其積也廣博而深

厚。博厚。故其發也高大而光明。朱子曰。呂氏說有如是廣博則其勢不得不高。

有如是深厚。則其精不得不明。此兩句甚善。章句中雖用他意。然當初只欲辭簡。反不似他說得分曉。譬如爲

臺觀。須大做根基。方始上面可以高大。又如萬物精氣蓄於下者深厚。故其發越於外者自然光明。○自徵則

悠遠至博厚高明無疆。是皆功業著見如此。故云德著於四方

博厚所以載物也。高明所以覆物也。悠久所以成物也

悠久即悠遠。兼內外而言之也。三山潘氏曰。久是久於內。悠是久於外。○潛室陳氏曰。不息則久。是誠積於內。徵則悠遠。是誠積於外。下却變文爲悠久。則是兼上文內外而言本以悠遠致高厚。而高厚又悠久也。此言聖人與天地同用

問以存諸中者言。則悠遠在高明博厚之前。以見諸用者言。則悠久在博厚高明之後。如何。朱子曰。此所以爲悠久也。若始初悠久。末梢不悠久。便是不悠久矣。○北溪陳氏曰。初頭本是悠遠。方能至於高厚。今又由高厚以至於悠遠也。物至久則成而不壞。不久則雖成而易壞。至此則與天地同用矣。此處似說得太高妙。然至誠之德在我。能極其至。其功效氣象著見於天下自然如此。能盡其道者。惟堯舜爲然。蓋堯舜在位日久。自有許多博厚高明悠久氣象也。○雙峯饒氏曰。此章承上二章而言。所以劈頭下箇故字。蓋盡性仁之至。前知知之至。而無息勇之至也。又自無息推之曰。不息則久。久則徵。徵則悠遠。已自闕了悠久字在其中。言積之久則驗

於外。悠。有長之意。長而且遠。則博。長遠而不息。則所積者厚。博厚。則發達之盛而高且明。此推其無息之效。故其序如此。下一截指其成德而言。故先博厚高明而後悠久。○不息則久。久字指誠而言。是在内。悠久。指功用而言。高明博厚皆是見之於外。便見得悠久是指外面底。○新安陳氏曰。自博厚所以載物至無爲而成。言聖人配天地之道

博厚配地。高明配天。悠久無疆。

此言聖人與天地同體。龜山楊氏曰。配。合也。與孟子配義與道之配同。○陳氏曰。同用。以功言。同躰。以德言。○問此章以博厚居高明之前後章以持載居覆幬之前何也。雙峯饒氏曰。博厚持載。指仁而言。高明覆幬。指知而言。以入德言。則知先乎仁。以成德言。則仁先乎知。此博厚持載之仁。所以居高明覆幬之前也。而悠久無疆。代明錯行。又仁知之勇也。○新安陳氏曰。悠久。即博厚高明之悠久。無疆。即天地之無疆

如此者。不見而章。不動而變。無爲而成。見音現

見猶示也不見而章以配地而言也不動而變以配天而言也無爲而成以無疆而言也陳氏曰不見而章是不待有所示而功用自然章著此處與地一般不動而變動則猶有形迹至於不動則如天之變化萬物無形迹此處與天爲一般無爲而成有所爲而成尚有形迹無所爲而成其功用至於悠久自不見其形迹此亦悠久無疆言之也○問以不見指博厚不動指高明易曉無爲而成與悠久無疆似不相貫雙峯饒氏曰悠久是貫天地而言不見不動便是無爲惟其博厚高明悠久所以能成物不見而章是品物流形不動而變是雲行雨施無爲而成是各正性命○雲峯胡氏曰無息便是久久便自然證驗於外不息則久是存於中者久也悠久成物是驗於外者久也凡功用豈無積之博厚發之高明者其博厚高明未必能久無他不自真積力久中來也惟實於中者久故證於外者亦久内外此誠内外悠久終始此誠終始悠久朱子曰博厚高明猶人之形軀悠久猶人之元氣有旨哉上章成己成物誠之者之事此悠久成物誠者之事曰成物曰無疆曰無爲而成皆指悠久之成功而

言。皆指博厚高明之悠久而言○東陽許氏曰。不見不動。只是言聖人無爲。下句又總上二句。地未嘗有意於生物。而百穀草木禽獸昆蟲皆粲然可觀。是不見而章也。天未嘗有意變化萬物。而有生之類皆稟命於天。是不動而變也。

天地之道。可一言而盡也。其爲物不貳。則其生物不測。

此以下復以天地明至誠無息之功用。天地之道。可一言而盡。不過曰誠而已。不貳。所以誠也。誠故不息。而生物之多。有莫知其所以然者。節齋蔡氏曰。不貳。則無間斷。所以不息○新安陳氏曰。不貳者。一也。一即誠也。惟其爲物誠一而不貳。所以不息。而其生物之多。所以不可得而測度也。生物不測。下文今夫天以後詳言之。自天地之道可一言而盡至貨財殖焉。專言天地之道。觀此及下文兩提起天地之道。可見上文皆是說聖人之道。

天地之道博也厚也高也明也悠也久也

言天地之道誠一不貳故能各極其盛而有下文生物之功新安陳氏曰。誠一不貳。接上文說來。所以博極其博厚極其厚高明悠久。各極其盛。而有生物之功如下文所云也

今夫天斯昭昭之多及其無窮也日月星辰繫焉萬物覆焉今夫地一撮土之多及其廣厚載華嶽而不重振河海而不洩私列反萬物載焉今夫山一卷石之多及其廣大草木生之禽獸居之寶藏興焉今夫水一勺之多及其不測黿音元鼉湯河反蛟龍魚鼈生焉貨財殖焉夫音扶華藏並去聲卷平聲勺市若反

昭昭猶耿耿小明也此指其一處而言之及其無窮猶

十二章及其至也之意。蓋舉全體而言也。振，收也。如玉振之振。卷，區也。此四條皆以發明由其不貳不息以致盛大而能生物之意。然天地山川實非由積累而後大。累，魯水反。讀者不以辭害意可也。朱子曰。管中所見之天也是天。恁地大底也只是天。○問天斯昭昭是指其一處而言。及其無窮是舉全體而言。向來將謂天地山川皆因積累而後致。曰。舉此全體而言。則其氣象功效自是如此。○三山陳氏曰。大意蓋言天地聖人皆具此實理。無有駁雜。無有間斷。故能有此功用耳

詩云。維天之命。於穆不已。蓋曰天之所以爲天也。於乎不顯文王之德之純。蓋曰文王之所以爲文也。純亦不已。於音烏。乎音呼。

詩，周頌維天之命篇。於，歎辭。穆，深遠也。不顯，猶言豈不

顯也。純，純一不雜也。引此以明至誠無息之意。黄氏曰：誠便是維天之命，不息便是於穆不已。程子曰：天道不已。文王純於天道亦不已。純則無二無雜，不已則無間斷先後。西山真氏曰：純是至誠無一毫人僞，維其純誠無雜，自然能不已。如天之春而夏，夏而秋，秋而冬，晝而夜，夜而晝，循環運轉，一息不停，以其誠也。聖人之自壯而老，自始而終，無一息之間，亦以其誠也。既誠，自然能不已。○雲峯胡氏曰：上文言聖人之至誠無息，而於天地之道曰不貳。此言天命之於穆不已，而於聖人之德則曰純，互而言之也。純則不貳，不貳所以誠。此文王之所以爲文也，此天之所以爲天也。○新安陳氏曰：子思引詩以明天地與聖人之道同一至誠無息而已。維天命之流行，實深遠難測而萬古不已，釋之曰此天之所以爲天也。深意在所以字，天之所以爲天，惟在至誠無息焉耳。於乎，豈不顯著乎文王之德之純，一不貳也。又釋之曰此文王之所以爲文也。深意亦在所以字，文王所以爲文，亦在至誠無息焉耳。遂揭於穆不已之不已字與之德之純之純字，總紐之曰：純亦不已下一亦字妙。文王惟其德之純也。故亦能如天道之於穆不已焉。文王之所以爲文。非把文王之謚來詠狀。乃是文不在兹乎之文。道之顯者謂之文。所謂豈不顯者。即此文之顯也。作如此分撥玩味。意了然矣。前之不貳。此之純。皆以至誠言。不已。即無息不息也。聖人所以與天道合一者。此而已。自引詩至章末言聖人之道合乎天地之道。雖單言天。實以天包地。雖專言文王。實借一文王以證羣聖人也

右第二十六章　言天道也葉氏曰。言聖人與天地合德。所以爲天道

○新安倪氏曰。按饒氏以哀公問政章至此爲第四大節

大哉聖人之道

包下文兩節而言雙峯饒氏曰。道即率性之謂。雖天下之所共由。而非聖人不能盡。故獨舉而歸之聖人。亦猶前章言君子之道。以道雖愚夫愚婦之所可知可行。而非君子不能知不能行也

洋洋乎發育萬物。峻極于天

峻高大也。此言道之極於至大而無外也。朱子曰洋洋是流動充滿之意聖道發育即春生夏長秋收冬藏便是聖人之道不成須要聖人使他發育峻極于天只是充塞天地底意思○陳氏曰此一節言道體之大處流動充滿乎天地之間而無所不在蓋極於至大而無外也○雙峯饒氏曰發育萬物以道之功用而言萬物發生養育於陰陽五行之氣道即陰陽五行之理是氣之所流行即是理之所流行也峻極于天以道之躰段而言天下之物高大無過於天者天之所以爲天雖不過陰陽五行渾淪旁薄之氣而有是氣必具是理是氣之所充塞即此理之所充塞也此言道之大用全躰極於至大而無外有如此者即前章語大天下莫能載之意也

優優大哉禮儀三百威儀三千

優優，充足有餘之意。禮儀，經禮也。威儀，曲禮也。格庵趙氏曰經禮如冠昏喪祭朝覲會同之類曲禮如進退升降俯仰揖遜之類此言道之入於至小

而無間去聲也問前既言大哉聖人之道矣而復以優優大哉冠於禮儀之上者蓋言道體之大散於禮儀之末者如此朱子曰得之○禮儀便是儀禮中士冠禮諸侯冠禮天子冠禮之類大節有三百條如始加再加三加又如坐如尸立如齊之類皆是其中之小目有三千條○陳氏曰此一節言道體之小處雖三千三百之儀而無一物不有蓋入於至小而無間也○雙峯饒氏曰三百三千莫非天理自然之節文何適而非此道所形見者此言道雖至大而其間節目至精至密極其至小而無內有如此者即前章語小天下莫能破之意也然三千三百雖以道之至小者言而上句乃以優優大哉發之疑若語大而非語小者蓋此章本以聖道之大爲言然不合衆小則無以成其大如太山之高以衆土之積滄海之深以衆流之會使是道之中包含蘊蓄容有一理之不備亦何以見其爲大之實哉此三千三百雖指至小而言而其實乃所以形容其大也安得不以優優大哉發之耶

待其人而後行

總結上兩節陳氏曰道之大處小處皆須待其人而後行○雙峯饒氏曰必得如是之人而後可行如是之道也

故曰苟不至德至道不凝焉

至德謂其人至道指上兩節而言凝聚也成也朱子曰發育峻極三千三百皆至道苟非至德之人則不能凝此道而行之凝字最緊若不能凝更没些子屬自家須是凝方得又曰道非德不凝故下文遂言脩德事○雙峯饒氏曰德者得是道於己也道之小大各極其至故曰至道德之大小各極其至斯爲至德有是至德然後足以凝聚是至道而爲己有否則道自道己自己判然二物豈復爲吾用也哉

故君子尊德性而道問學致廣大而盡精微極高明而道中庸溫故而知新敦厚以崇禮

尊者恭敬奉持之意。德性者吾所受於天之正理。道由也。溫猶燖溫之溫。火熟物曰燖，似廉似林二切。謂故學之矣。復時習之也。敦加厚也。尊德性所以存心而極乎道體之大也。道問學所以致知而盡乎道體之細也。二者脩德凝道之大端也。朱子曰：尊德性而道問學一句是綱領。下五句上截皆是大綱工夫。下截皆是細密工夫。致廣大。極高明。溫故。敦厚。此是尊德性。盡精微。道中庸。知新。崇禮。此是道問學。如程先生言涵養須用敬。進學則在致知。道之爲體。其大無外。其小無內。無往而不在焉。故君子之學既能尊德性以全其大。便須道問學以盡於小。○黃氏曰：存心則一念之全。萬理具。致知則逐物皆當理會。不以一毫私意自蔽。不以一毫私欲自累。涵泳乎其所已知。敦篤乎其所已能。此皆存心之屬也。朱子曰：致廣大。謂心胸開闊。無此疆彼界之殊。極高明。謂無一毫人欲之私以累於此。纔汨於人欲。便卑汙矣。○雲峯胡氏曰。或疑不以一毫私意自蔽。若可以移解高明。不以一毫私欲自累。若可以移解廣大。愚謂二者雖總說尊德性。亦有先後之序。意者萌動之始。止可言蔽。一爲意所蔽。則廣大處已被窒塞了。欲則不止於意。而爲物所昏。無所謂高明者矣。所以方可言自累。析理則不使有毫釐之差處上聲事則不使有過不及之謬理義則日知其所未知節文則日謹其所未謹此皆致知之屬也朱子曰。極高明。是言心。道中庸。是學底事。立心超乎萬物之表。而不爲物所蔽累。是高明。及行事則恁地細密無過不及。是中庸。厚。是資質朴實。敦。是愈加厚重培其本根。有一般人實是敦厚純朴。然或箕踞不以爲非。便是不崇禮。若只去理會禮文。而不敦厚。則又無以居之。所以忠信之人可以學禮蓋非存心無以致知。而存心者又不可以不致知。故此五句。大小相資。首尾相應東陽許氏曰。大小相資。首尾相應。大言上五節。小言下五節。首言尊德性道問學一句尾言下四句聖賢所示入德之方莫詳於此學者宜盡心焉朱子曰尊德性至敦厚此上一截是渾淪處道問學至崇禮此下一截便是詳密處道躰之大者直是難守細處又難窮究若有上一截無下一截只管渾淪則茫然無覺若有下一截而無上一截只管要纖悉皆知則又空無所寄○陳氏曰存心以極道躰之大應前洋洋一節致知以盡道躰之細應前優優一節○雲峯胡氏曰讀此者往往因陳氏謂存心是力行工夫遂疑高明溫故知新屬知殊不知章句但曰存心致知未嘗曰力行致知朱子不曰尊德性所以力行而必曰存心何也大學補傳取程子或問十二節即致知之事末後五節所以涵養本原之地即存心之事也若謂存心便是力行下文有曰非存心無以致知謂之非力行無以致知可乎大抵先要看本文大字與尊字道躰至大心躰本亦至大尊之則能存此心之大所以能極乎此道之大恐未便說到力行處竊以爲存心不過是存其心躰之本然者致知是推極夫事理之當然者心躰本自廣大不以私意蔽之即謂之致心躰本自高明不以私欲累之即謂之極已知者溫之而涵泳之未深已厚者敦之

而持守之力固。此皆存其心之本然者也。然心之廣大自具精微之理。不學則於理便有毫釐之差。心之高明自有中庸之則。不學則於事易有過不及之謬。故之中有無限新意。不學則不能知新。雖溫故亦不能以盡精微。敦厚之外有多少節文。不學則不能崇禮。雖敦厚亦不能以道中庸。中庸即是精微之極致。究其極一而已矣。凡此皆推極其事理之當然者也。蓋道體極於至大而無外。非淺陋之胸襟所能容。所以不可不存夫心體之本然者。道體入於至細而無間。非粗疎之學問所能悉。所以不可不極夫事理之當然者。要之存心不大故用力不自蔽。不自累足矣。涵泳乎此。敦篤乎此足矣。不必於其中又分知與行。若致知工夫。其中却自兼行而言非十分細密不可也。或曰。書以中庸名。自第二章以後。提起中庸言者凡七。皆孔子之言也。中庸之道。在知與行。子思於此以道中庸偏為學問致知之事。何也。愚謂首章。子思所言未發之中也。即此所謂德性是也。戒慎恐懼。即此所謂恭敬奉持之意。其引孔子言中庸。皆已發之中。擇而行之。莫先於致知。此以道中庸屬學問之事何疑。曰。尊德性以下皆有而字。見得存心致知是兩事。末於敦厚崇禮不曰而。而曰以。何也。愚謂下而字。

則重在下股。謂存心不可以不致知。下以字。則重在上股。謂非存心無以致知也

是故居上不驕。爲下不倍。國有道其言足以興。國無道其默足以容。詩曰既明且哲以保其身。其此之謂與倍與背同與平聲

興。謂興起在位也。詩大雅烝民之篇朱子曰。居上不驕至默足以容。言小大精粗一齊理會過。貫徹了後。盛德之效自然如此。○不倍。謂忠於上而不背叛。興。如興賢興能之興。○明哲只是曉天下事理。順理而行。自然災害不及其身。今人以邪心讀詩。謂明哲是見幾知微。先占便宜。如揚雄說明哲煌煌。旁燭無疆。遜于不虞。以保天命。便是占便宜說話。所以他被這幾句誤。然明哲保身。亦只是常法。若到那舍生取義處。又不如此論。○尊德性。所以克其發育峻極之大。道問學。所以盡其三千三百之小。以其大小兼該。精粗不二。故居上居下。有道無道。無所不宜。○新安陳氏曰。引詩以證無道默容。子思其亦有感於所逢之時而有是言歟

右第二十七章　言人道也雙峯饒氏曰一篇之中論問學之道綱目備而首尾詳無有過於此章者也

子曰愚而好自用賤而好自專生乎今之世反古之道如此者烖及其身者也好去聲烖古災字

以上孔子之言子思引之反復也陳氏曰愚者無德賤者無位當聽上之所爲生今世而欲復古道烖必及身嘆時不可爲自用自專皆非明哲保身之道也承上章末意而引此○東陽許氏曰生乎今之世以下是通說上二句蓋愚賤者不可作禮樂則居今之世當遵守當代之法若欲反用古之道即是改作矣必獲罪於上故曰烖及其身

非天子不議禮不制度不考文

此以下子思之言禮親疏貴賤相接之體也禮記云禮也者猶體

也度品制。不制度之制字。活字作也文書名朱子曰。書名是字底名字。如大字喚做大字。上字喚做上字。下字喚做下字。易得差。所以每歲使大行人之屬巡行天下。考過這字是正與不正。○看此段先須識取聖人功用之大。氣象規模廣闊處。非天子不議禮制度考文。是甚麼樣氣象。使有王者作。改正朔。易服色等事。一齊改換一番。其切近處。則自吾一念之微而無毫釐之差。其功用之大。則天地萬物一齊被他翦截裁成過。先須看取他這樣大意思方有益

今天下車同軌。書同文。行同倫。行去聲

今子思自謂當時也。軌。轍迹之度。倫。次序之體。三者皆同言天下一統也朱子曰。次序。如等威節文之類。體。如辨上下。定民志。君臣父子貴賤尊卑相接之體皆是。天子制此禮通行天下共行之。故其次序之體。等威節文。皆如一也。○新安陳氏曰。車同軌與制度應。車。亦制度之一端也。書同文與考文應。行同倫與議禮應

雖有其位。苟無其德。不敢作禮樂焉。雖有其德。苟無其位。亦不敢作禮樂焉。

鄭氏曰。言作禮樂者。必聖人在天子之位。朱子曰。有位無德而作禮樂。所謂愚而好自用。有德無位而作禮樂。所謂賤而好自專。居周世而欲行夏殷禮。所謂居今世反古道。道即議禮制度考文之事。議禮所以制行。故行同倫。制度所以爲法。故車同軌。考文所以合俗。故書同文。

子曰。吾說夏禮。杞不足徵也。吾學殷禮。有宋存焉。吾學周禮。今用之。吾從周。

此又引孔子之言。杞。夏之後。徵。證也。宋。殷之後。三代之禮。孔子皆嘗學之而能言其意。但夏禮既不可考證。殷禮雖存。又非當世之法。惟周禮乃時王之制。今日所用。

孔子既不得位則從周而已朱子曰言有宋存焉便見杞又都無了如今春秋傳中宋猶有些商禮在○問前輩多以夫子損益四代之制以告顏子而又曰吾從周其說似相牴牾者然以此章吾學周禮今用之吾從周之意觀之則夫子之從周特以當時所用而不得不從耳非以爲盡當從周荅否爲邦之問乃其素志耳曰得之○雙峯饒氏曰無德是愚無位是賤作禮樂是自用自專問非天子不議禮制慶考文專指賤者而不及愚者何也曰此章爲在下位者言故於賤者特詳而末引孔子作箇樣子問今用之吾從周想是不敢議禮但從周而已曰當世用周禮吾亦從周禮蓋有德無位不敢作禮樂也○雲峯胡氏曰孔子所學周禮即周公所制之禮第十八十九章言周公制周之禮有其位而有其德也此章言孔子從周之禮有其德而無其位者也章末數語較之論語有二疑語曰夏禮吾能言之杞不足徵也殷禮吾能言之宋不足徵也此曰杞不足徵而有宋存焉豈非以春秋之時杞去夏已遠而宋去殷猶未遠歟杞文獻不足宋或典籍散逸而文籍猶有存歟或先哲凋謝而賢者猶有存歟語曰如用之則吾從先進此曰今用之吾從周豈不

以周禮至春秋之時已非復周公制作之舊如用之者孔子設言其或用禮樂則如此今用之者孔子明言天下之所通用者今如此也孔子雖不欲徇時俗之弊而亦不敢不循時王之制此所以為孔子之時中也

右第二十八章　承上章為下不倍而言亦人道也

王天下有三重焉其寡過矣乎王去聲

呂氏曰三重謂議禮制度考文惟天子得以行之則國不異政家不殊俗而人得寡過矣

上焉者雖善無徵無徵不信不信民弗從下焉者雖善不尊不尊不信不信民弗從

上焉者謂時王以前如夏商之禮雖善而皆不可考文獻

不足徵

下焉者，謂聖人在下。如孔子雖善於禮而不在尊位也。三山陳氏曰。上乎周爲夏商。禮非不善。然於今無可徵。民將驗而不信。下而不達。如孔子德非不善。然不得顯位以行之。民亦將玩而不信○問程子以上焉者爲三王以前。下焉者爲五覇諸侯之事。朱子之說不同何也。蛟峯方氏曰。上焉者無徵。則夏商也。經已言之。下焉者不尊。舍孔子誰當之。若五覇則其善不足稱矣。故上焉者無徵。則當以時言。下焉者不尊。則當以位言

故君子之道本諸身。徵諸庶民。考諸三王而不謬。建諸天地而不悖。質諸鬼神而無疑。百世以俟聖人而不惑。

此君子指王天下者而言。其道，即議禮制度考文之事也。本諸身，有其德也。徵諸庶民，驗其所信從也。建，立也。立於此而參於彼也。天地者，道也。鬼神者，造化之迹也。

百世以俟聖人而不惑所謂聖人復起不易吾言者也

朱子曰此天地只是道耳謂吾建於此而與天地之道不相悖○問鬼神只是龜從筮從與鬼神合其吉凶否曰亦是然不專在此只是合鬼神之理○此段第一句第二句是以人己對言第三第六句是以已往方來對言第四第五句是以隱顯對言○雲峯胡氏曰朱子謂先須識取聖人功用之大及其氣象規模廣闊處蓋大而議禮制度小而考文莫不有以新天下之視聽而能一天下之心徵諸庶民而庶民合建諸天地鬼神而天地鬼神合前聖之已往後聖之未來無不合者其功用如此宏大悠遠而其本領只在人主一身上○前章曰有其德此曰本諸身章句曰本諸身者有其德也前章言無德位而作禮樂其終也災必逮身此言有德有位而作禮樂其始也必本諸身事有不本諸身而爲之者其末也災不逮身者鮮矣○東陽許氏曰本諸身以下六節只是本諸身一句是致力處下五節皆以爲徵驗爾君子之道即上三重謂有位之君子行此三重之道必本於此身之有德則自有下五者之應若下五者不應是身無其德也則用其力以脩德

質諸鬼神而無疑，知天也。百世以俟聖人而不惑，知人也。

知天知人，知其理也。朱子曰：此段說知天知人處，雖只舉後世與鬼神言，其實是總結上四句之義。○北溪陳氏曰：鬼神，天理之至也；聖人，人道之至也。惟知天理之至，所以無疑；惟知人道之至，所以不惑。

是故君子動而世爲天下道，行而世爲天下法，言而世爲天下則。遠之則有望，近之則不厭。

動兼言行而言，道兼法則而言。法，法度也；則，準則也。三山潘氏曰：行有成迹，故可效法；言只言其理如此，未有事迹可據，故人準則之。○陳氏曰：遠者悅其德之被，故有企慕之意；近者習其行之常，故無厭斁之心。○雲峯胡氏曰：上文言質鬼神、俟百世，要其終也；故申言徵庶民之意，原其始也。

詩曰：「在彼無惡，在此無射。庶幾夙夜，以永終譽。」君子未有不如此而蚤有譽於天下者也。惡，去聲。射，音妬，詩作斁。

詩周頌振鷺之篇。射，厭也。所謂此者，指本諸身以下六事而言。陳氏曰：在彼無惡，是應遠之則有望。在此無射，是應近之則不厭。庶幾終譽，是應世爲天下道三句意。蚤有譽，又總結以永終譽意。先師曰：永終譽，要其終而言。蚤有譽，由其始而言。蚤有譽尚易，永終譽尤難。君子之道，本不欲干譽也，自然有譽者，乃本諸身之驗，所謂徵諸庶民是也。○雲峯胡氏曰：引詩在彼無惡，在此無射，以永終譽，徵諸民也；庶幾夙夜，本諸身也。

右第二十九章。承上章居上不驕而言，亦人道也。新安倪氏曰：按番昜李氏云：章句取二十七章結語分屬後二章，以愚好自用章言，爲下不倍。然有位無德，則居上不驕者也。以三重章言，居上不驕，然下焉者雖善不尊，則爲下不倍者也。妄謂此二章皆平應居上不驕爲下不倍二語，不必分屬二章。李氏斯言，亦不爲無理。但聖賢立言，自有實主。前章有位無德，不敢作禮樂，與章首愚好自用一句相應而相反，是固以居上而言。然全章除此語外，於賤者特詳。實則主爲下不倍而言也。此章下焉者雖善不尊，不信而民不從，以對上焉者雖善無徵，是固以爲下而言。然全章除此語外，於王天下之君子尤詳。實則主居上不驕而言也。以是觀之，何用必疑於章句之分屬哉。

仲尼祖述堯舜，憲章文武，上律天時，下襲水土。

祖述者，遠宗其道。憲章者，近守其法。律天時者，法其自然之運。襲音習水土者，因其一定之理。皆兼內外、該本末而言也。朱子曰：下襲水土，是因土地之宜，所謂安土敦乎仁，無往而不安。○北溪陳氏曰：前言堯舜文武，周公能體中庸之道。此言孔子法堯舜文武以體中庸之道也。宗師堯舜之道，道堯舜人道之極也。效法文武之法。三代法度至周而備也。天時者，春夏秋冬之四時，聖人法其自然之運。水土者，東西南北之四方，聖人因其一定之理。朱子謂此兼内外該本末而言。其律天時，如不時不食，迅烈必變。其襲水土，如居魯逢掖，居宋章甫。乃其事也。其律天時，如仕止久速皆當其可。其襲水土，如用舍行藏隨遇而安。乃其行也。行以内言，本也。事以外言，末也。蓋聖人能盡中庸之道，所以精處如此，粗處亦如此。○潛室陳氏曰：祖述者，法在其中，憲章者，道在其内。律天時者，大則顯晦屈伸，小則飲食寢處。襲水土者，大則坎止流行，小則採山釣水。細底道理爲本，爲内，麤底道理爲末，爲外。○雙峯饒氏曰：上二句言學之貫乎古今，下二句言學之該乎穹壤。○雲峯胡氏曰：中之一字，自堯舜始發之。自堯舜至文武相傳，只是此中。天時水土，亦只是此中。於堯舜曰祖述，於文武曰憲章，於天時曰上律，於水土曰下襲，使見夫子之時中。遠宗其道，法不在乎道之外，近守其法，道皆寓乎法之中。此兼内外該本末而言也。律天時，如不時不食，是末。夫子聖之時，是本。襲水土，如居魯而逢掖，是末；安土敦乎仁，是本。此兼内外該本末而言也。○蛟峯方氏曰：中庸之道，至仲尼而集大成，故此書之末以仲尼明之

辟如天地之無不持載無不覆幬辟如四時之錯行如日月之代明辟音譬幬徒報反

錯猶迭也○陳氏曰如四時之相交錯寒往則暑來暑往則寒來如日月之更相代日升則月沉月升則日沉此言聖人之德雙峯饒氏曰此章言孔子之德如地之無不持載謂乘載得天下許多道理無一之不盡如天之無不覆幬謂括得天下許多道理無一之或遺錯行代明謂夫子之道無所不備當剛而剛當柔而柔可仕而仕可止而止亦如寒暑之迭用日月之互照然持載如地博厚之至也覆幬如天高明之至也錯行代明如日月悠久之至也○新安陳氏曰此所取譬上二句以天地之定位言下二句以陰陽之流行言

萬物並育而不相害道並行而不相悖小德川流大德敦化此天地之所以爲大也

悖猶背音佩也。天覆地載萬物並育於其閒而不相害。四時日月錯行代明而不相悖。北溪陳氏曰。天無不覆。地無不載。大化流行。萬物止其所而不相侵害也。四時錯行。日月代明。一寒一暑。一晝一夜。似乎相反。而實非相違悖也所以不害不悖者。小德之川流。所以並育並行者。大德之敦化。小德者。全體之分。大德者。萬殊之本。新安陳氏曰。小德如言小節。大德。如言全體。此言天地造化之理。小德者。一本之散於萬殊者也。大德者。萬殊之原於一本者也川流者。如川之流。脈絡分明而往不息也。敦化者。敦厚其化。根本盛大而出無窮也。此言天地之道。以見形甸反上文取譬之意也。朱子曰。大德是敦那化底。小德是流出那敦化底出來。這便如忠恕。忠便是做那恕底。恕便是流出那忠來底。如中和。中便是大德敦化。和便是小德川流。只是一箇道理。○此言天地之大如此。言天地則見聖人矣○黃氏曰天命之性即大德之敦化率性之道即小德之川流大德敦化是體小德川流是用大德是心之本體無許多大底亦做不得小底出來○雲峯胡氏曰天能覆而不能載地能載而不能覆春夏生長秋冬肅殺日明乎晝月明乎夜是各得陰陽之偏而聖人之德則會夫陰陽之全小德川流是其粲然者也大德敦化是其渾然者也渾然者所以並育並行而粲然者已包於其中粲然者所以不害不悖而亦不過自渾然中流出故粲然者全體之分即所謂率性之道即所謂時中之中渾然者萬殊之本即所謂天命之性即所謂未發之中大德敦化四字即是首章大本二字章句以謂根本盛大而出無窮即首章章句所謂天下之理皆由此出者也始以天地喻夫子終謂夫子即天地且不曰天地之大而曰天地之所以爲大夫子其即太極矣乎

右第三十章　言天道也

東陽許氏曰二十六章言聖人至誠與天地同道自天地之道可一言而盡以下但言天地之盛大則聖人之盛大自見此章先言聖人與天地同

道自萬物並育以下亦但言天地之大則聖人之大自見前章則引文王之詩以結之此章則以孔子之所行起之二章相表裏無非形容聖人之德也

唯天下至聖爲能聰明睿知足以有臨也寬裕温柔足以有容也發強剛毅足以有執也齊莊中正足以有敬也文理密察足以有別也知去聲齊側皆反別彼列反

聰明睿知生知如字之質臨謂居上而臨下也其下四者乃仁義禮智之德文文章也理條理也密詳細也察明辨也朱子曰仁義禮知之知與聰明睿知便是這一箇禮知是通上下而言睿知是擴充得較大睿只訓通對知而言知是體睿是深通處文理密察此是聖人於至纖至悉處無不詳審且如一物初破作兩箇又破作四片若未恰好又破作八片只管詳密文是文章如物之文縷理是條理每事詳密審察故曰足以有別○

陳氏曰。上一句包說下四句。方細破分仁義禮知說。仁則度量寬大。故曰有容。義則操執牢固。故曰有執。禮之施敬而已。故曰有敬。智足以分別事物。故曰有別。四者皆從聰明睿知中細破分條貫說來。○雙峯饒氏曰。章句以四者爲仁義禮智之德。如此則只是四德。於溥博之下又言五者之德何也。此章專說小德。就五者而論則聰明睿知又是小德之大德。聰屬耳。明屬目。睿知屬心。睿則能思。知則能知。思屬動。魂之爲也。知屬靜。魄之爲也。心者魂魄之合。魂能知來。有所未知則思索而知之。陽之靈也。魄能藏往。其已知則存而記之。陰之靈也。一陰一陽相爲配對。○新安陳氏曰。唯至聖之德有此生知仁義禮智之體。故見於有臨有容有執有敬有別之用也

溥博淵泉而時出之

溥博周徧而廣闊也。淵泉靜深而有本也。朱子曰。泉。便有箇發達不已底意。○新安陳氏曰。泉之出。必有本原也。形溥博淵泉四字。總詠狀上所列五德之體段。出。發見甸

反下同也。言五者之德充積於中，溥博淵泉。而以時發見於外也。新安陳氏曰：當用仁時則仁發見，當用義時則義發見之類。

溥博如天，淵泉如淵。見而民莫不敬，言而民莫不信，行而民莫不說。見音現。說音悅。

言其充積極其盛，而發見當其可也。新安陳氏曰：溥博則如昊天，淵泉則如深淵，非極其盛而何？見、言、行皆發見也。民所以莫不敬信悅，以當其可也。當其可之謂時，是接上文時出字而發揮之。下文莫不尊親，極言其敬信說也。

是以聲名洋溢乎中國，施及蠻貊。舟車所至，人力所通，天之所覆，地之所載，日月所照，霜露所隊，凡有血氣者莫不尊親，故曰配天。施去聲。隊音墜。

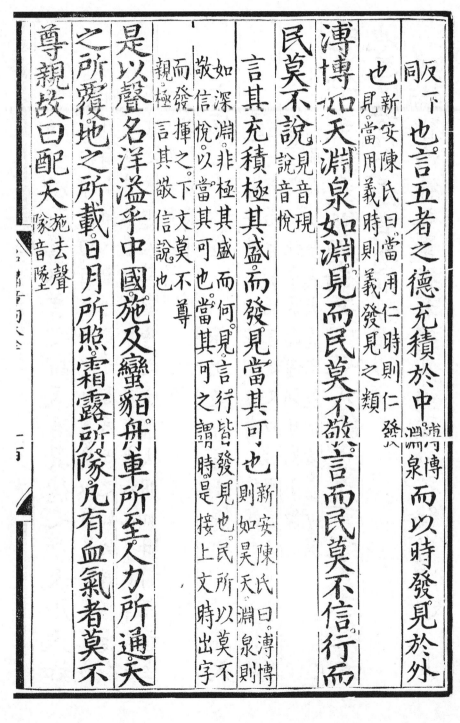

舟車所至以下。蓋極言之。配天。言其德之所及廣大如天也。新安陳氏曰。有是聖德之實。是以有是聖德之名。凡有血氣。人類也。尊之爲君。親之如父母。極覆載人所及處皆然。豈非德之所及廣大如天乎。此章言達而在上之大聖人。其盛德之全體大用如此。可謂極至而無以加矣。可以當此者。其惟堯舜乎

右第三十一章　承上章而言小德之川流亦天道也。新安陳氏曰。非謂五者之德爲小也。蓋以此五者分別而言之。又以發用言。此下章之渾淪言之而純乎本體者。則此爲小德之川流。而下章爲大德之敦化。章章明矣

唯天下至誠。爲能經綸天下之大經。立天下之大本。知天地之化育。夫焉有所倚。夫音扶焉於虔反

經綸。皆治絲之事。經者。理其緒而分之。綸者。比毗至反其

類而合之也。經常也。大經者。五品之人倫。大本者。所性之全體也。惟聖人之德極誠無妄。故於人倫各盡其當然之實。而皆可以爲天下後世法。所謂經綸之也。朱子曰。經綸是用。立本是體。大本。即中也。大經。即庸也。經綸大經。立大本。即是盡此中庸之道。○北溪陳氏曰。經是分疏條理。綸是牽連相合。大經。即君臣父子兄弟夫婦朋友之大倫。大本。即是中者天下之大本。一般。中乃未發之中。就性論。今所謂大本。以所性之全體論。如君是君。臣是臣。父是父。子是子。兄是兄。弟是弟。夫是夫。婦是婦。各有條理一定而不亂。故曰經。如君臣之相敬。父子之相親。夫婦之相唱和。兄弟之相友睦。朋友之相切磋琢磨。牽比其倫類自然相合。故曰綸。惟聖人極誠無妄。於人倫各盡其所當然之實。皆可爲天下後世之標準。故人皆取法之。○雙峯饒氏曰。如君君。臣臣。父父。子子。是分而理之。君仁於臣。臣敬其君。父慈其子。子孝其父。是比而合之也。其於所性之全體無一毫人欲之僞以雜之。而天下之道千變萬化皆由此出。所謂立之也。其於天地之化育。則亦其極誠無妄者有默契焉。非但聞見之知而已。北溪陳氏曰。知字不可以聞見之知論。如肝膽相照一般。聖人之德極誠無妄。其於天地造化生育萬物之功。與之脗合交契。渾融一體。所謂知也。此皆至誠無妄自然之功用。夫音扶豈有所倚著直略反於物而後能哉問夫焉有所倚。朱子曰。自家都是實理無些欠缺。經綸自經綸。立本自立本。知化育自知化育。不用倚靠別物事。然後能如此。如爲仁由己而由人乎哉之意。曰。日用間底都是君臣父子夫婦人倫之理。更不倚著人。只從此心中流行於經綸人倫處。便是法則。此身在這裏。便是立本。知天地化育。是自知得飽相似。何用靠他物。黄直卿云。便是不思不勉意思。謂更不靠心力去思勉他。這箇實理自然經綸立本知化育。更不用心力。○問。中庸兩處說天下之至誠。而其結語一曰贊化育。一曰知化育。贊與知如何分。曰。盡其性者。是從裏面說將出去。故盡其性。則能盡人物之性。以贊化育也。經綸大經。是從下面說上去。如脩道之教是也。立天下之大本。是靜而無一息之不中處。知化育。則知天理之流行矣。○雙峯饒氏曰。大經是道。大本是性。性乃大經之本也。天地化育。是命。又大經大本之所自來也。○雲峯胡氏曰。首章由造化說聖人。故曰命。曰性。曰道。由體之隱達於用之費也。此章言聖人之所以爲造化。則曰道。曰性。而後曰命。由用之費而原其體之隱也。前曰贊化育。此曰知化育。贊云者。至誠之功有補於造化也。知云者。至誠之心無間於天地也。前章以時出之。是小德之川流。是時中之中。此章大本是大德之敦化。是未發之中。首章曰中者天下之大本。此則加以立之一字。大本是所性之全體。本無一毫人欲之僞。立之者。聖人所性之全體無一毫人欲之僞以雜之也。立字不是用力字

肫肫其仁。淵淵其淵。浩浩其天。肫之純反

肫肫。懇至貌。以經綸而言也。朱子曰。肫肫其仁者。人倫之間若無些仁厚意。則父子兄弟不相管攝矣。○鄭氏曰。肫肫懇誠貌。程氏曰。厚也。呂氏曰。純全之義。一云渾厚無間斷之貌。○北溪陳

氏曰。經綸大經。須加懇切詳細之功。不可有急迫躁切之意。○雙峯饒氏曰。肫肫其仁。如何以配經綸大經。蓋仁者人也。大經只是箇人道。人而不仁。何足以爲人。

淵淵。靜深貌。以立本而言也。浩浩。廣大貌。以知化而言也。北溪陳氏曰。靜深則有根本而不竭。故以立本言。此識與天地同其大。故其生育變化與天地同其功。故以知化言。

其淵其天。則非特如之而已。潛室陳氏曰。如天如淵。猶是二物。其天其淵。即聖人便是天淵。○雙峯饒氏曰。肫肫其仁。是說道。淵淵其淵。是說性。浩浩其天。是說命。問性命如何分。天淵。曰。性是成之者性。指已定之理而言也。命是繼之者善。指理之流行而賦於物者言也。二者有動靜之分。故一屬地。一屬天。自聖人言之。則靜定而存主處即是性。應用而流行處即是命。其與天地之理一也。故曰其淵其天。前章曰如淵如天。猶是聖人與天地相比並。至此曰其淵其天。則聖人與天地爲一矣。

苟不固聰明聖知達天德者。其孰能知之。聖知之知去聲。

固猶實也。鄭氏曰。唯聖人能知聖人也。玉淵張氏曰。上章云凡有血氣者莫不尊親。此云苟不固聰明聖知達天德者其孰能知之。上章言小德。條理分明。人所易見。此章言大德。無聲無臭。非聖人不能知也○新安陳氏曰。上章言至聖。故以聰明睿知言。書曰。睿作聖。睿進一步即聖也。此章言至誠。見至誠即是至聖。故以聰明聖知言。變睿言聖。直指其爲聖人。唯至聖能知至誠也。此章述聖人至誠之功用。亦謂達而在上之聖人。而以唯聖人能知聖人結之。可以當此者。其唯以孔子而知堯舜乎

右第三十二章　承上章而言大德之敦化。亦天道也。前章言至聖之德。此章言至誠之道。然至誠之道非至聖不能知。至聖之德非至誠不能爲。則亦非二物矣。此篇言聖人天道之極致。至此而無以加矣。朱子曰。至誠至聖。只是以表裏言。至聖是德之發見乎外者。故人見之。但見其溥博

如天。至莫不尊親。此見於外者。至誠則是那裏面骨子。聰明睿知。却是那裏發出去。至誠處。非聖人不自知也。○至聖一章說發見處。至誠一章說存主處。聖以德言。誠則所以爲德也。以德而言則外人觀其表。但見其如天如淵。誠所以爲德。故自家裏面却眞箇是其天其淵。惟其如天如淵。故日月所照。霜露所隊。凡有血氣者莫不知尊而親之。謂自其表而觀之則易也。惟其天其淵。故非聰明聖知達天德者不足以知之。謂自其裏而觀之則難也。又曰。此不是兩人事。上章是以聖言之。聖人德業著見於世。其盛大自如此。下章以誠言之。是誠實理上說其天其淵。實理自是如此。○葉氏曰。至聖指發用神妙而言。至誠指大經大本之實理而言。非至聖無以顯至誠之全體。非至誠無以全至聖之妙用。其實非二物也。○新安倪氏曰。按饒氏以大哉聖人之道章至此爲第五大節

詩曰。衣錦尚絅。惡其文之著也。故君子之道。闇然而日章。小人之道。的然而日亡。君子之道。淡而不厭。簡而文。溫而

理知遠之近知風之自知微之顯可與入德矣衣去聲絅口迥反惡去聲闇於感反

前章言聖人之德極其盛矣此復自下學立心之始言之而下文又推之以至其極也葉氏曰上二章極言孔子體天之德與至聖至誠之功用中庸之道至矣盡矣子思又慮學者馳騖於高遠而忘下學之功夫或失其指歸也故此章復自下學立心之始務內至親至切者言之以漸進於上達高妙至精至微不可擬議之地蓋再叙入德成德之序也

詩國風衛碩人鄭之丰皆作衣錦褧衣褧絅同禪衣也朱子曰禪衣所以襲錦衣者禪字與單字同沈括謂絅與檾同是用檾麻織疏布爲之尚加也古之學者爲去聲己故其立心如此尚絅故闇然衣錦故有日章之實淡簡溫絅之襲於外也不厭而文且理焉錦

之美在中也。小人反是則暴蒲卜反於外而無實以繼之。是以的然而日亡也。朱子曰。惡其文之著。亦不是無文也。自有文在。淡則不厭。簡則不文。溫則不理。而今却不厭而文且理。只緣有錦在裏面。○陳氏曰。衣錦而加絅衣以蔽之。衣錦者。美在其中。尚絅者。不求知於外。古之學者只欲此道理實得於己。不是欲求人知。惟其不求人知。所以闇然。雖曰闇然。而道理自彰著而不可揜。猶衣錦尚絅。而錦之文采自然著見於外也。○新安陳氏曰。君子爲己。不求人知。雖闇然若晦昧。而美實在中。自日著而不可揜。如尚絅而錦美在中。自不容揜於外也。小人爲人。惟求人知。雖的然分明表暴於外。而無實以繼之。日見其亡失泯沒而已。君子小人之分。爲己爲人之不同耳。君子有若無。實若虛。有與實。終不可揜。小人無爲有。虛爲盈。有與盈豈能有常。日亡必矣。常情淡薄無味則易厭。簡略則無文采。溫厚渾淪則無條理。君子之道雖淡而人不厭。雖簡而自有文。雖溫而自有條理。淡簡溫。皆尚絅闇然意。不厭文理。皆錦之美實在中意也。遠之近見形甸反於彼者由於此也。風之自。

著乎外者本乎內也。微之顯，有諸內者形諸外也。有爲己之心，本起語意說來。而又知此三者，則知所謹而可入德矣。朱子曰：知遠之近，是以己對物言之。知在彼之是非，由在我之得失。知風之自，是知其身之得失，由其心之邪正。知微之顯，又專指心說，就裏來。○知遠之近，知風之自，據表而知裏也；知微之顯，由內以達外也。○陳氏曰：君子立心只是爲己，又能知道理之見於遠者自近始，故自近而謹之；著見於風化者由身始，故自身而謹之；有諸內者甚微，而見於外者甚顯，故自微而謹之。知此三者而致其謹，則可與之入德矣。○新安陳氏曰：下文言謹獨意已萌於此。故下文引詩言謹獨之事。雲峯胡氏曰：中庸分君子小人而言者凡二。第二章言君子中庸，小人反中庸，是其爲君子小人者可見於行事之際。此則言其所以爲君子小人者，已見於立心之始。淡而無味，其味最長；簡而無文，其文自章；溫不求其理，而無有不合於條理者。此君子爲己之學也。不求其文之著而自不能不著者也。小人則反是矣。中庸既舉其立心之始當如此，而又提起三知字。曰知遠之近。知風之自。知微之顯。而下文遂以慎獨戒懼之事繼之。即章句所謂知其在我者則戒慎恐懼而無時不中者也。章句之旨融徹。知此學者不可不細玩

詩云。潛雖伏矣。亦孔之昭。故君子內省悉井反不疚。無惡於志。君子之所不可及者。其唯人之所不見乎。惡去聲

詩小雅正月之篇。再引詩承上文言莫見乎隱莫顯乎微也。疚。病也。無惡於志。猶言無愧於心。此君子謹獨之事也。

三山陳氏曰。潛雖伏矣。即首章隱微意。亦孔之昭。即首章莫見莫顯意。言隱伏之間。理甚昭明。君子內省此處須無一毫疚病。方無愧於心。君子所以不可及。只是能於獨致其謹耳。上言入德之門。此以下言入德之事。此一節言人之所不見處。又申明首章謹獨意。下一節言己之所不見處。又申言首章戒謹恐懼意。○新安陳氏曰。人所不見。人所不知也。己之志向。己所獨知也。○東陽許氏曰。詩本言魚之潛於淵可謂伏藏之深。然

亦甚昭然而易見。言禍亂之不可逃也。此借之以言幾之存於心者雖深而莫見顯乎隱微。言獨之不可不慎也。

詩云。相在爾室。尚不愧于屋漏。故君子不動而敬。不言而信。相去聲

詩大雅抑之篇。三引詩相視也。屋漏室西北隅也。朱子曰。古人室在東南隅開門。東南隅爲宎。西北隅爲屋漏。西南隅爲奧。人纔進便先見東南隅。却到西南隅。然後始到西北隅。此是深密之地。曾子問謂之當室之白。孫炎曰。當室日光所漏入也。承上文又言君子之戒謹恐懼。無時不然。不待言動而後敬信。則其爲己之功益加密矣。故下文引詩幷去聲言其效。朱子曰。潛雖伏矣。便覺有善有惡。須用察。相在爾室。只是教做存養工夫。○北溪陳氏曰。抑詩。即是首章戒謹其所不覩。恐懼其所不聞意。屋陋。人迹所不到之地。此處蓋己之所不睹。須是真實無妄。常加戒謹恐懼。方能無愧怍。君子爲己之功至

此不待於動而應事接物方始敬。蓋於未應接之前無人處已無非敬矣。不待見於發言而後信實。蓋於未發言之前本來真實、無非信矣○此處一節密一節。首章先說戒懼後說謹獨。是從內面發出來。此處先說謹獨後說戒懼。是從外面說入○雲峯胡氏曰。上文引詩。但見學者有爲己之心。此兩引詩。方見學者有爲己之學。首章言慎獨。此言人之所不見。即是獨。內省不疚。即是慎獨。內省而少有一毫之疚。則是胸中猶有可惡之惡。故必無疚。然後無惡。此爲己之功也。首章言戒慎不睹。恐懼不聞。蓋動則有可睹。此不動而敬。即是戒慎乎其所不睹。言則有可聞。此不言而信。即是恐懼乎其所不聞。諸家以敬信爲民敬信。章句以爲己之敬信與下文篤恭相應。此又爲己之功益加密者也。首章先戒懼而後慎獨。由靜時工夫說到吾心方動之幾。此章先慎獨而後戒懼。由動時工夫說到吾心至靜之極。愈靜愈敬。其爲己之功可謂密矣○東陽許氏曰。不動敬。不言信。是信敬在言動之前

詩曰。奏假無言。時靡有爭。是故君子不賞而民勸。不怒而

民威於鈇鉞假格同鈇方無切

詩商頌烈祖之篇。詩四引奏進也。承上文而遂及其效。言進而感格於神明之際。極其誠敬。無有言說。而人自化之也。威。畏也。鈇。莝音剉斫刀也。鉞。斧也。新安陳氏曰。其所以感人動物不待賞而民自勸。不待怒而民自畏者。以其自修有謹獨戒懼之本也

詩曰。不顯惟德。百辟其刑之。是故君子篤恭而天下平

詩周頌烈文之篇。詩五引不顯說見形甸反二十六章。言豈不顯也此借引以爲幽深玄遠之意。以爲真幽隱不顯承上文言天子有不顯之德。而諸侯法之。則其德愈深而效愈遠矣。朱子曰。不顯二字。二十六章者別無他義。故只用詩意。卒章所引。自章首尚絅之云。與章末無聲無臭。皆有隱

微深密之意。故知當別爲一義，與前章不同。**篤厚也。篤恭言不顯其敬也。**陳氏曰：篤恭是申解不顯二字，雖無人之境亦恭，是篤厚其恭也。○東陽許氏曰：章句篤恭言不顯其敬也，謂自厚於恭敬，未嘗見於言動之間。**篤恭而天下平，乃聖人至德淵微自然之應，中庸之極功也。**朱子曰：此章到篤恭而天下平已是極處，結局了。所謂不顯其德者，幽深玄遠，無可得而形容。雖下面不大聲以色、德輶如毛，皆不足以形容，直是無聲無臭到無迹之可尋然後已。○北溪陳氏曰：篤恭是不顯惟德意，天下平是百辟其刑意。此章至此凡五引詩，一節密一節。首節說學須爲己，不求人知；第二節說致謹於人所不見處；三節說致敬於己所不見處；四節說不待言說而人自化；五節說不顯篤恭，其功效有自然之應，乃中庸之極功也。○雲峯胡氏曰：此兩引詩承上文不動而敬、不言而信而極其效也。惟其不言亦信，所以無言而人自信之，有不待賞罰而化者；惟其不動亦敬，故篤恭不顯其敬也，而天下自平。篤恭而天下平，即首章致中和而天地位、萬物育也。特首章是致其中而後致其和，此之謂篤恭者。

已致其和而益致其中也。爲己之功愈密。則德愈深而效愈遠如此。夫德顯而百辟刑之。宜也。不顯而天下自平。其妙殆有不可測者。要之中。中者性之德。不顯之德。即未發之中。戒愼恐懼。是於喜怒哀樂未發之時而敬也。此時而敬。是不顯其敬。此所以爲至德之淵微而有自然之應也。○新安陳氏曰。不顯。篤恭實原於尚絅闇然與愼獨戒懼深密之功。下文更三引詩。不過形容此不顯篤恭之妙而已

詩云。予懷明德。不大聲以色。子曰。聲色之於以化民。末也。

詩云。德輶如毛。毛猶有倫。上天之載。無聲無臭。至矣。輶由酉二音

詩大雅皇矣之篇。六引詩引之以明上文所謂不顯之德者。正以其不大聲與色也。古以與字通用又引孔子之言以爲聲色乃化民之末務。今但言不大之而已。則猶有聲色者存。是未足以形容不顯之妙。不若烝民之詩所言德

輶如毛。七引詩輶。輕也則庶乎可以形容矣。而又自以爲謂之毛。則猶有可比者。倫比也是亦未盡其妙。不若文王之詩所言上天之事無聲無臭。八引詩然後乃爲不顯之至耳。蓋聲臭有氣無形。在物最爲微妙。而猶曰無之。故惟此可以形容不顯篤恭之妙。非此德之外。又別有是三等然後爲至也。朱子曰。無聲無臭本是說天道。彼其所引詩自說須是儀刑文王。然後萬邦作孚。詩人意初不在無聲無臭上也。中庸引之以結中庸之義。嘗細推之。蓋其意自言謹獨以修德。至詩曰不顯惟德百辟其刑之。乃篤恭而天下平也。後面節節贊歎其德如此。故至予懷明德。以至德輶如毛。毛猶有倫。上天之載。無聲無臭至矣。蓋言夫德之至而微妙之極難爲形容如此。今爲學之始。未知所有。而遽欲一蹴至此。吾見其列置而終身迷亂矣。○此章八引詩。一步退似一步。都用那般不言不動不顯不大底字。直說到無聲無臭則至矣○自衣錦尚絅以下皆只暗地做工夫去。然此理自掩蔽不得。故曰闇然而日章。小人未曾做得。尸報得蒲地人知。故曰的然而日亡。淡而不厭。簡而文。溫而理皆是收斂近裏。知遠之近。知風之自。知微之顯。一句緊一句。學者能如此收斂。雖未可便謂之德。亦可以入德矣。其下方言不愧屋漏。方能以慎獨涵養。其曰不動而敬。不言而信。蓋不動不言時已是敬信底人了。又引詩不顯惟德。予懷明德。德輶如毛。言之。一章之中皆只是發明箇德字。然所謂德者。實無形狀。故以無聲無臭終之。○首章是自裏說出外面。蓋自天命之性說到天地位萬物育處。末章却自外面一節收斂入一節。直約到裏面無聲無臭處。此與首章實相表裏也。○雙峯饒氏曰。上天之載。無聲無臭。此便是未發之中。便是一天命之性。蓋一篇之歸宿也。○王氏曰。此章是結尾。舉一篇工夫之要約而言之。所謂藏於密者也。○雲峯胡氏曰。此章當作四節看。節節意相承。第一節承上章極致之言。恐學者騖於高遠。引尚絅之詩言下學立心之始。結之以知微之顯。第二節承知微之顯之語。引潛雖伏矣亦孔之昭以實之。自慎獨說歸戒慎恐懼。而結之以不動而敬不言而信。第三節承不動不言之語。引詩云無言不顯以極其效如此。第四節承不顯之語，三引詩至於無聲無臭，以形容不顯之妙至如此。朱子又恐學者因無聲無臭之語而又騖於高遠也。故結之曰：非此德之外，有此三等，然後爲至也。蓋所引之詩，似有等級，然其妙非杳冥昏默之謂，非虛無寂滅之謂也。故必提起德之一字言之。首章曰道，此章曰德，道字說得廣闊，德字說得親切。德者，得此道於心者也。首章開端天字，原其所自也。此道之在我者，無不本諸天也。此章結末一天字，要其所成也。德之成則能不失其道之在我而本諸天者也。至此則我本於天，天備於我，又不過即其初天命之性耳。是無聲無臭之天，即吾不顯之德，而不顯之德，即吾渾然未發之中者也。子思子首章獨提此一中字，即周子所謂無極而太極也。末又約而歸之於此，即周子所謂太極本無極也。子思始引夫子之言曰中庸之德其至矣乎，衆人之所可至也。此言中庸之極功。故以不顯之德贊其至。聖人之所獨至也。然聖人之所以爲德之至者，不過敬之至而已。敬者，聖學之所以成始而成終也。故此書以愼獨戒懼始終焉。

右第三十三章。子思因前章極致之言，反求其本，復自下學爲己謹獨之事推而言之。以馴致乎篤恭而天下平之盛。又贊其妙至於無聲無臭而後已焉。蓋舉一篇之要而約言之。其反復芳復反丁寧示人之意至深切矣。學者其可不盡心乎

黄氏曰。中庸始言戒懼謹獨。次言知仁勇。終之以誠。此數字括盡千古聖人教人之指。先師曰。中庸說下學處少。說上達處多。然說下學處雖少。而甚切。如二十章明善誠身擇善固執一段。與二十七章尊德性道問學一段。無非提綱挈領切要之言也。說上達處雖多。亦豈渙散無統玄妙不可究詰之論哉。學者果能字字審察句句精研章章融會由下學而上達焉。則程子所謂始言一理中散爲萬事末復合爲一理者。見其理皆實理而爲事之體。非高虛也。事皆實事而爲理之用。非粗淺也。所謂其味無窮皆實學者的非虛言矣。童而習之。今猶有白首紛如之嘆。吁。豈易言哉。○雲峯胡氏曰。右須看極致馴致四字。極致者。上達之事也。馴致者。下學而上達之事也。

天理不離乎人事。下學人事。即所以上達天理。雖其妙至於無聲無臭。然其本皆實學也。朱子教人之深意備見於篇首所採子程子之語。及此篇末之語。學者當合始終而參玩之。以求無負於朱子之教云。

新安倪氏曰。按饒氏以此章爲第六大節

中庸章句大全終